Manfred G. Schmidt

DAS
POLITISCHE SYSTEM
DER BUNDESREPUBLIK
DEUTSCHLAND

Verlag C. H. Beck

Die erste Auflage dieses Buches erschien 2005.

2., aktualisierte Auflage. 2008

Originalausgabe
© Verlag C.H. Beck oHG, München 2005
Gesamtherstellung: Druckerei C.H. Beck, Nördlingen
Umschlagentwurf: Uwe Göbel, München
Printed in Germany
ISBN 978 3 406 50871 4

www.beck.de

Inhalt

Einleitung

Dieses Buch unterrichtet den Leser über die Grundzüge des politischen Systems in Deutschland.[1] Das Buch handelt von dem Spielregelwerk, welches die Verfassung der Politik vorgibt, und von der Verfassungswirklichkeit. Und es beschreibt, erklärt und bewertet die wichtigsten politischen Institutionen, ihre Funktionsweise sowie die Grundzüge der Innen- und der Außenpolitik.

Das Buch hat acht Kapitel. Im ersten Kapitel wird die Staatsverfassung Deutschlands analysiert, so wie sie im Grundgesetz festgeschrieben ist: Bundesstaat, Demokratie, Rechtsstaat, Republik, Europaoffenheit der Verfassung und soziales Staatsziel sind die wichtigsten Bestimmungen. Das zweite Kapitel handelt vom eigentlichen Souverän der Demokratie, der Wählerschaft. Hier wird berichtet, wie und wen die Wähler wählen, und warum sie das tun. Das dritte und das vierte Kapitel rücken die wichtigsten Institutionen der politischen Willensbildung in den Vordergrund – die Parteien, die Verbände, die Massenmedien und den Deutschen Bundestag.

Wer in Deutschland regiert, regiert nicht allein. Jede Bundesregierung und jede Landesregierung bekommt dies tagtäglich zu spüren. Besonders eng wird der Spielraum für die Bundestagsmehrheit und die von ihr getragene Bundesregierung, wenn ihnen im Bundesrat, der Ländervertretung, eine parteipolitisch gegnerische Mehrheit gegenübersteht. Davon berichtet das fünfte Kapitel. Darüber sollen die beachtlichen Machtressourcen der Bundesregierung nicht zu kurz kommen. Dennoch lautet am Ende die Diagnose: Regieren in Deutschland heißt Regieren im halbsouveränen Staat. Zur Ausstattung des halbsouveränen Staates gehört der Föderalismus mitsamt der im Bundesrat verankerten Mitwirkung der Länder an der Gesetzgebung des Bundes. Davon und vom Tun und Lassen der insgesamt 17 Regierungen in Deutschland ist im sechsten Kapitel die Rede.

Den «Geist der Gesetze» in der Bundesrepublik Deutschland durchweht eine anti-totalitäre Staatsphilosophie. Sie hat die Rolle der Judikative in großem Umfang aufgewertet. Häufig ist hieraus «Regieren mit Richtern» geworden, mitunter gar «Regieren durch Richter» (Alec Stone Sweet). Davon handelt das siebte Kapitel. Grundzüge der Staatstätigkeit in der Innen- und der Außenpolitik zeichnet der Verfasser im achten Kapitel nach. Dort wird auch dargelegt, welche Aufgaben die Politik in Deutschland bislang nicht gelöst oder nicht überzeugend gemeistert hat. Knappe Hinweise auf weiterführende Literatur schließen das Buch ab.

Das Buch zeigt, dass Machtaufteilung anstelle von Machtkonzentration die deutsche Politik nach 1949 charakterisiert. Ein zweites Markenzeichen ist eine eigentümliche Mischform aus Mehrheitsdemokratie nach britischem Muster und bundesstaatlicher Verhandlungs- oder Konkordanzdemokratie, also einer Demokratie, in der Konflikte mit Hilfe von Entscheidungsmaximen des Aushandelns oder des gütlichen Einvernehmens nach Art der Kompromisstechniken der deutschen und schweizerischen Religionsfriedensschlüsse des 17. und 18. Jahrhunderts geregelt werden. Eine dritte Eigenheit liegt in der einflussreichen Position der politischen Parteien und eine vierte darin, dass jede Regierung in Deutschland mit auch international ungewöhnlich vielen Mitregenten, ja sogar vielen Vetospielern zu tun hat. Das macht die Politik in Deutschland besonders kompliziert, häufig langwierig und störanfällig – und verlangt viel Kooperation von den Streitparteien, die bei ihrem Kampf um die Machtverteilung normalerweise das sie Trennende betonen. Ein Kennzeichen der Politik in Deutschland ist – fünftens – ein innen- und außenpolitisch halbsouveräner Staat mit Vorliebe für friedliche Handelsstaatspolitik, Absage an Machtstaatspolitik und Einbindung in die Europäische Union. Dieser Staat kommt mitunter allerdings nur im Schneckenposttempo voran. Für spektakuläre innen- oder außenpolitische Alleingänge eignet er sich kaum. Zudem ist er anfällig für Reformblockaden. Dennoch war er stark genug für tief greifende Weichenstellungen. Dabei beschritt die Politik in Deutschland – sechstens – einen Mittelweg zwischen dem staatsverliebten nordeuropäischen Wohlfahrtskapitalismus und der marktverliebten US-amerikanischen Gesellschaft und Wirtschaft. In der Bundesrepublik Deutschland legt man besonderen Wert auf Soziale Marktwirtschaft, soziale Sicherheit und sozialen Ausgleich und definiert diese am liebsten als Ergebnisgerechtigkeit und nicht als Chancengerechtigkeit. Ein siebtes Markenzeichen der zweiten deutschen Demokratie ist die starke Stellung der Verfassung und der Verfassungsgerichtsbarkeit. Zügelung, Eingrenzung, Konstitutionalisierung der Politik – so lautet die Devise –, an Stelle einer allgegenwärtigen, allzuständigen Politik wie in der nationalsozialistischen Diktatur von 1933 bis 1945 oder im SED-Staat, der Diktatur in der Deutschen Demokratischen Republik von 1949 bis 1989/90. Was aus all den Eigenheiten des deutschen politischen Systems resultiert und ob hieraus wirklich eine «Erfolgsstory» entstanden ist, wie etliche Beobachter meinen, wird abschließend anhand des Berichtszeitraumes von 1949 bis zum Stand von Ende September 2008 geprüft.

Heidelberg, den 1. Oktober 2008

I. Die Staatsverfassung der Bundesrepublik Deutschland

Die Bundesrepublik Deutschland zählt zum exklusiven Kreis der stabilen demokratischen Verfassungsstaaten. Ihm gehören nur rund drei Dutzend Länder an.[2] Das ist ein bemerkenswerter Erfolg für ein Land, dem in seinem Entstehungsjahr, 1949, nur wenige eine stabile Demokratie zugetraut hatten, weil die Erblasten des NS-Staates und der Kriegszerstörung zu groß und die innen- und außenpolitischen Herausforderungen zu gewaltig zu sein schienen. Dass Deutschlands zweiter Anlauf zur Demokratie gelang, hat viele Ursachen. Zu ihnen gehört die vollständige Diskreditierung der NS-Diktatur. Für eine «Dolchstoßlegende» war im Unterschied zur Lage nach dem Ersten Weltkrieg kein Platz mehr. Zugute kam Westdeutschland – als Folge des aufkommenden Ost-West-Konflikts – eine allmählich weitsichtigere Politik der westlichen Siegermächte: sie öffneten dem westdeutschen Teilstaat die Tür zur Teilhabe an den inter- und supranationalen Organisationen des Westens. Zugute kam Westdeutschlands Demokratie ferner die abschreckende Erfahrung der sozialistischen Diktatur, die in der Sowjetischen Besatzungszone und ab 1949 in der Deutschen Demokratischen Republik auf den Bajonetten der Roten Armee von den Kadern der Sozialistischen Einheitspartei Deutschlands (SED), ihrer Gefolgschaft und Mitläufern auf- und ausgebaut wurde. Verantwortlich für die Verwurzelung der Demokratie in der Bundesrepublik wurde nicht zuletzt das «Wirtschaftswunder», der atemberaubende wirtschaftliche Aufschwung vor allem der 1950er und 1960er Jahre. Mit ihm wurde die Wahlkampfformel «Wohlstand für alle» – sie stammte vom damaligen Bundeswirtschaftsminister Ludwig Erhard – für die große Mehrheit der Bürger fassbar: Die Beschäftigung wuchs, die Zahl der Arbeitslosen nahm rasch ab, die Erwerbseinkommen stiegen, die

Konsumchancen wurden größer, und der Auf- und Ausbau der Sozialpolitik und andere Marktkorrekturen von der Agrar- bis zur Wohnungspolitik sorgten auch für eine Steigerung des Lebensstandards bei denen, die mit marktwirtschaftlichen Mitteln alleine nicht mitgekommen wären.

Zur Demokratieverwurzelung trug auch die Verfassung der Bundesrepublik bei, ihr Grundgesetz vom 23.5.1949 mitsamt seinen späteren Änderungen. Das Grundgesetz – die Bezeichnung sollte das Provisorium bis zur Wiedervereinigung der geteilten deutschen Staaten betonen – atmete den Geist einer antitotalitären Staatsverfassung. Seine Leitidee der Machtaufteilung und Staatsgewaltenkontrolle verwies zusammen mit dem alsbald wirkungsmächtigen Bundesverfassungsgericht die Politik in ihre rechtlichen Grenzen. Stärker als in den meisten anderen demokratischen Verfassungsstaaten bestimmen in Deutschland mittlerweile die Verfassung und ihre Auslegung durch das Bundesverfassungsgericht weitgehend das «Spielregelwerk des Politischen».[3] Aus diesem Grunde erlaubt die Staatsverfassung besonders aufschlussreiche Einblicke in Deutschlands politischen Betrieb. Und deshalb beginnt die hier vorgelegte Analyse des politischen Systems in der Bundesrepublik beim juristischen «Überbau» – und nicht bei seiner gesellschaftlichen oder seiner ökonomischen Basis.

1. Weichenstellungen für Rechtsstaat, Republik, Demokratie, Bundesstaat, Sozialstaat und den «offenen Staat»

Sechs grundlegende Weichenstellungen schrieben die Architekten des Grundgesetzes für den politischen Betrieb in der Bundesrepublik fest: Rechtsstaat, Republik, Demokratie, Bundesstaat, Sozialstaat und «offener Staat».

Mit der Vorgabe des Rechtsstaates knüpften die Verfassungsgeber wieder an liberaldemokratische verfassungspolitische Traditionen an. Rechtsstaat heißt Bindung der Staatsgewalten an Verfassung und Gesetz – nicht an Vorgaben einer Staatspartei, wie im Fall der DDR, oder an den «Führerbefehl», wie in der nationalsozialistischen Diktatur. Rechtsstaat heißt ferner Trennung der Staatsgewalten – Exekutive, Legislative und Judikative – und ihre Ausbalancierung – im Unterschied zur Konzentration der Staatsgewalten, wie im NS-Staat und der DDR. Rechtsstaat bedeutet zudem richterliche Nachprüfbarkeit der Handlungen der Legislative und Exekutive, und zwar Nachprüfung durch fachgeschulte unabhängige Richter, nicht durch willfährige Laienrichter. Nicht zuletzt legt der Rechtsstaat ein Rückwirkungsverbot fest: Niemand darf auf der Basis eines Gesetzes bestraft werden, das zum Zeitpunkt der fraglichen Tat nicht in Kraft war. Der Rechtsstaat ist der Gegenbegriff zum «Gewalt-Staat»: rechtliche Zähmung und geordnete Einhegung der politischen Gewalt ist seine Leitidee. Das soll vor der Entwicklung der Staatsverfassung zum «Leviathan», dem autoritären Staat, oder zum «Behemoth», dem Staat des Bürgerkriegs schützen, um zwei Schlüsselbegriffe von Thomas Hobbes' Staatslehre in Erinnerung zu rufen. Zudem soll der Rechtsstaat ein «sozialer Rechtsstaat» sein, so die Kompromissformel in Artikel 28 des Grundgesetzes. Eine folgenreiche Weichenstellung! Denn der «soziale Rechtsstaat» sieht im Unterschied zum bloß «liberalen Rechtsstaat» nicht nur den Schutz der Freiheits- und der Eigentumsrechte vor, sondern auch Eingriffe in die Güterordnung zwecks sozialen Ausgleichs!

Die Architekten des Grundgesetzes schrieben ferner eine Republik vor. Das bedeutet eine nichtdespotische Herrschaftsordnung, einen Freistaat, der die Staatsgewalt an die Verfassung bindet und auf Volkssouveränität beruht. Und es bedeutet eine Staatsform, in der das Staatsoberhaupt durch Wahl für eine begrenzte Zeitspanne bestellt wird – im Unterschied zur Monarchie, in der die Staatsführung durch Erbfolge oder Wahl in der Regel auf Lebenszeit bestellt wird.

Das Grundgesetz verlangt außerdem eine Demokratie, und zwar mit parlamentarischem Regierungssystem, also mit einer Regierung, die aus dem Parlament hervorgeht und von ihm abberufen werden kann. Das ist die Absage an den Präsidentialismus wie in den USA und die Abgrenzung zum Semipräsidentialismus wie in Frankreich, wo ein starker Regierungschef und

ein starker Staatspräsident konkurrieren. Deutschlands Staatsverfassung sieht hingegen eine Demokratie mit starkem Bundeskanzler und schwachem Präsidenten vor, eine Art «Kanzlerdemokratie», so der in der Adenauer-Ära geprägte Begriff. Zudem hat die Repräsentativdemokratie Vorfahrt – und nicht die
Direktdemokratie wie in der Schweiz. Überdies schreibt das
Grundgesetz erstmals in der deutschen Verfassungsgeschichte
den politischen Parteien eine aktive Rolle in der Politik zu: «Die
Parteien wirken bei der politischen Willensbildung des Volkes
mit». So bestimmt es der Artikel 21 des Grundgesetzes. Allerdings enthält er auch strenge Auflagen für die innere Verfassung
der Parteien: insbesondere freie Wahl, innerparteiliche Demokratie und öffentliche Rechenschaftslegung über Herkunft der
Parteifinanzen und Parteivermögen.

Ferner setzten die Architekten des Grundgesetzes auf eine zur
Selbstverteidigung befähigte «militante» oder «wehrhafte Demokratie». Insbesondere ist dabei an das Verbot verfassungs-
feindlicher Organisationen und die Verwirkung von Grundrechten von Verfassungsgegnern gedacht – und zwar jeweils durch
Beschluss des Bundesverfassungsgerichts. Auch das unterscheidet die Bundesrepublik von der Weimarer Republik, die äußerste
Toleranz, letztlich zerstörerische Offenheit auch für Demokra-
tiegegner wahrte.

Die Demokratie der Bundesrepublik gründet zudem auf
Grundrechten, d. h. auf der Anerkennung freiheitlicher Bürgerrechte und der Menschenrechte. Die Grundrechtsbindung zieht
besonders enge Grenzen für das Tun und Lassen der Staatsgewalten und für die Demokratie insgesamt: auch demokratische
Entscheidungen müssen die Grundrechte respektieren. Und zudem wäre eine «Volksdemokratie» nach Art des SED-Staates der
ehemaligen DDR mit den Grundrechten unverträglich.

Ebenso wichtig ist – viertens – die verfassungspolitische Vorgabe eines Bundesstaates. Mehr noch: Die Verfassungsgeber ver-
sahen den Bundesstaat mit einer Ewigkeitsgarantie. Diese Weichenstellungen schreiben auf Dauer einen polyzentristischen
Staat vor. Dieser besteht aus den Gliedstaaten, den Ländern,
und ihrem Zusammenschluss im Bund – im Unterschied zum

Einheitsstaat, wie in Großbritannien, Frankreich oder Schweden, der diese vertikale Machtaufteilung nicht kennt. Mit der Parteinahme für den Bundesstaat knüpften die Verfassungsgeber an Staatstraditionen an, die im deutschsprachigen Raum tief verwurzelt sind. Zu diesen Traditionen gehören Machtaufteilung, Minderheitenschutz und Integration heterogener Gesellschaften – bei gleichzeitiger Wahrung relativer Autonomie oder gesicherter Mitwirkungsrechte der Gliedstaaten – sowie ein exekutivlastiger Bundesstaat. Auf Bundesebene wirken die Länder nämlich mit großem Einfluss an der Gesetzgebung des Bundes mit, und zwar über den Bundesrat. Doch im Bundesrat sitzen nicht gewählte Volksvertreter der Länder, wie im Senat der USA, sondern Repräsentanten der Länderexekutive. Ferner gaben die Verfassungsarchitekten dem Bundesstaat eine sozialpolitische Verpflichtung mit auf den Weg: er soll ein «sozialer Bundesstaat» sein, so legt der Artikel 20 des Grundgesetzes fest.

Die Staatstätigkeit wird durch diese Vorgabe und andere Verfassungsartikel auf ein «soziales Staatsziel» (Hans F. Zacher) verpflichtet – die fünfte Weichenstellung. Gewiss: Vom Sozialstaatsprinzip ist im Grundgesetz nicht ausdrücklich die Rede, aber präsent ist es dennoch. So fordert der Artikel 20 ausdrücklich den «sozialen Bundesstaat» und der Artikel 28 den «sozialen Rechtsstaat». Zudem gebietet der Artikel 72 des Grundgesetzes «die Herstellung gleichwertiger Lebensverhältnisse im Bundesgebiet» – und bis 1994 hatte er gar die «Einheitlichkeit der Lebensverhältnisse» verlangt.

Schlussendlich sieht Deutschlands Staatsverfassung den «offenen Staat» vor. Gemeint ist die grundsätzliche Offenheit für die Delegation von Souveränitätsbefugnissen an inter- oder supranationale Organisationen. Auch das ist neu in der deutschen Verfassungsgeschichte – und gut erklärbar: Die Verpflichtung auf den offenen Staat war das Eintrittsticket der Bundesrepublik für die Wiederaufnahme in den Kreis der westlichen Demokratien nach 1949 einschließlich der Mitgliedschaft in der militärischen Allianz der westlichen Nationen, der NATO, und in der Europäischen Staatengemeinschaft.

2. Alte und neue Pfade der Verfassungspolitik

Viele Kräfte wirkten auf die Verfassungsgebung für den Westen Deutschlands ein. Ohne den Zerfall der Koalition der westlichen Siegermächte des Zweiten Weltkrieges und der Sowjetunion und ohne den «Kalten Krieg» zwischen Ost und West wäre die Entscheidung für einen zunächst auf Westdeutschland beschränkten demokratischen Teilstaat kaum denkbar gewesen. An der verfassungspolitischen Willensbildung für Westdeutschland wirkten viele mit – keineswegs nur die Vertreter der Alliierten, wie es die irreführende These nahelegt, das Grundgesetz sei auf den Bajonetten der Besatzungsmächte entstanden. Gewiss: Die Initiative zur Verfassungsbildung ging von den westlichen Alliierten aus. Auf ihr Konto gingen ferner massive Vorgaben für den Inhalt der Verfassung – liberaldemokratisch und föderalistisch musste sie sein und die Wiedergeburt eines starken Staates sollte sie verhindern – sowie massive Eingriffe in die verfassungspolitische Willensbildung. Doch Entwurf, Beratung und Erstellung der Verfassung, die Beschlussfassung über sie und ihre Annahme in den Parlamenten waren das Werk deutscher Verfassungsrechtler und Politiker.

Die Weichenstellungen des Grundgesetzes für die Staatsverfassung in Deutschland spiegeln Bestrebungen der Siegermächte wie auch der Landespolitiker wider, den neuen deutschen Staat in enge Grenzen zu verweisen. Starke Länder, schwacher Zentralstaat sowie mächtige Barrieren gegen einen Machtstaat – das waren die zentralen politischen Leitideen auf beiden Seiten. Die Architekten des Grundgesetzes griffen aber auch Traditionen freiheitlicher Verfassungstheorien aus Westeuropa und Nordeuropa wieder auf: die liberaldemokratischen Strukturen, die Konstitutionalisierung der Demokratie und die Aufwertung der Grundrechte zeugen hiervon. Und nicht zu übersehen sind die Lehren, die aus der politischen Geschichte Deutschlands gezogen wurden: vor allem der – von der Abgrenzung zum Nationalsozialismus und zum DDR-Sozialismus geprägte – antitotalitäre «Geist der Gesetze» und das Bestreben, Strukturmängel der Weimarer Reichsverfassung zu vermeiden. Auf dieser Basis

wurden die Grundrechte als unmittelbar geltendes Recht festgeschrieben. Hierauf gründete die Einrichtung einer Verfassungsgerichtsbarkeit als Hüterin der Verfassung. Und hierin liegen die Ursachen für die Schwächung des Amtes des Bundespräsidenten und die Stärkung der verfassungspolitischen Position
des Bundeskanzlers.

Das Grundgesetz spiegelt den Ausgleich zwischen unterschiedlichen Bestrebungen wider. Der Zwang zum Kompromiss
war groß, denn die Verfassung für den westdeutschen Teilstaat
musste die Zustimmung der politischen Parteien, der Landtage
und der westlichen Siegermächte erlangen. Schon an den Beratungen des Herrenchiemseer Verfassungskonvents, dem von der
Konferenz der Ministerpräsidenten der Länder in Antwort auf
Vorgaben der Alliierten bestellten Sachverständigenausschuss,
der die Vorarbeiten für die Verfassung lieferte, war je ein stimm-
berechtigter Vertreter der Länder beteiligt. Noch komplizierter
verlief die Willensbildung im Parlamentarischen Rat, der für die
Ausarbeitung des Grundgesetzes einberufenen Versammlung.
Der Parlamentarische Rat bestand aus 65 von den elf Land-
tagen der Westzonen gewählten Abgeordneten sowie aus fünf
Vertretern Berlins, das unter dem Viermächtestatus stand und
dessen Vertreter deshalb nur mit beratender Stimme teilnah-
men. Die Willensbildung im Parlamentarischen Rat stand im
Zeichen der innerdeutschen Politik und des ständigen Dialogs
mit den drei westlichen Militärgouverneuren, die über ihre Ver-
bindungsoffiziere das Tun und Lassen des Rates beaufsichtigten
– mit Vergünstigungen und nachrichtendienstlichen Mitteln,
auch mit Telefonabhörung. «We observe them, then we cocktail
them, dine them and lunch with them», so schrieb der amerikanische Journalist T. H. White über den Einfluss der Verbin-
dungsoffiziere auf den Parlamentarischen Rat. Die parteipolitische Machtverteilung im Parlamentarischen Rat nahm die
Kräfteverteilung zwischen den Parteien nach 1949 weitgehend
vorweg: auf die CDU/CSU und die SPD entfielen jeweils 27, auf
die FDP fünf und auf die Deutsche Partei, das Zentrum und die
Kommunistische Partei je zwei Sitze. Zur absoluten Mehrheit
war folglich eine Koalition unabdingbar und zur Zweidrittel-

mehrheit eine Große Koalition aus Unionsparteien und SPD – so wie später auch im Falle einer Verfassungsänderung.

Diese Kräfteverteilungen und Mehrheitsschwellen sind mitverantwortlich für die Kompromisse im Parlamentarischen Rat. Die Dominanz der Ländervertreter und das Streben der Alliierten nach einem schwachen Zentralstaat fanden ihren Niederschlag in einem Bundesstaat mit schwachem Zentrum und wechselseitiger Abhängigkeit von Bund und Ländern. Kirchen und Gewerkschaften wurden in der Verfassung besser bedacht als beispielsweise die Verbände der Unternehmer und die Beamtenschaft, die weithin als Träger des NS-Staates galten und deshalb misstrauisch beäugt wurden. Und dass dem Grundgesetz in der Fassung von 1949 eine Wehrverfassung und eine Notstandsverfassung fehlten, ist ohne die damals gegebene Suprematie der Alliierten nicht zu verstehen.

Hinzu kam das Kräftepatt zwischen SPD und Unionsparteien. Dieses Patt spiegelte sich im Verzicht der SPD auf soziale Grundrechte und der Lossagung der Unionsparteien von der verfassungsrechtlichen Festschreibung konservativer Gesellschaftskonzeptionen ebenso wider wie in der Offenheit des Grundgesetzes in Fragen der Wirtschaftsverfassung. Das Grundgesetz mag zwar «eine Schranke gegen Sozialismus» sein, so der spätere Bundespräsident Roman Herzog. Es schreibt aber dem Eigentum Gemeinwohlpflichtigkeit vor und erklärt Enteignungen als zulässig, sofern sie dem Wohle der Allgemeinheit dienen und angemessen entschädigt werden. Ferner spiegelt das Grundgesetz einen Ausgleich zwischen den Demokratievorstellungen der großen Parteien wider: die SPD liebäugelte mit einer sozialstaatlichen Mehrheitsdemokratie auf der Grundlage einer politisch regulierten, demokratisch gezügelten Wirtschaft. Die bürgerlichen Parteien hingegen strebten nach einer institutionell gebändigten Demokratie mit hohen Barrieren gegen Mehrheitsabsolutismus und nach einer weitgehend privatautonomen Wirtschaft.

3. Verfassung und Verfassungswirklichkeit

Verfassungen setzen Regeln für den politischen Betrieb. Ob diese befolgt werden, ist durch Erforschung der Verfassungswirklichkeit zu klären. Ihre Erkundung zeigt, dass das Grundgesetz zunächst noch der Oberhoheit der westlichen Siegermächte des Zweiten Weltkriegs unterstand. Die Rechtsgrundlage war das Besatzungsstatut vom Mai 1949. Gewiss: Das Besatzungsstatut hatte die Jahre der uneingeschränkten Besatzungsherrschaft beendet und der deutschen Politik mehr Freiheit als zuvor verliehen. Doch mit dem Besatzungsstatut behielten die westlichen Alliierten die Hoheit über zentrale Politikfelder wie Abrüstung, Reparationen, Dekartellisierung, Außenpolitik und Außenwirtschaftspolitik. Überdies bedurfte jede Änderung des Grundgesetzes der Zustimmung der Alliierten. Diese beanspruchten obendrein die Souveränität für den Ausnahmezustand und behielten sich vor, die Verfassung, falls erforderlich, zu suspendieren. Noch war Deutschland kein souveräner Staat. Den Status eines weitgehend außenbestimmten politischen Systems – Fachleute sprachen von einem «penetrierten System» – behielt die Bundesrepublik bis zum Inkrafttreten des Deutschlandvertrages zwischen den westlichen Alliierten und der Bundesrepublik Deutschland am 5. Mai 1955. Erst mit dem Deutschlandvertrag gewann die Bundesrepublik die meisten Souveränitätsrechte zurück. Doch auch dann noch behielten die früheren Alliierten einschließlich der Sowjetunion bestimmte Vorbehaltsrechte bei, hauptsächlich bezüglich des Status von West-Berlin, der Wiedervereinigung Deutschlands und hinsichtlich eines zukünftigen Friedensvertrages. Und erst 45 Jahre nach Kriegsende erloschen die Vorbehaltsrechte der Alliierten, nämlich als Konsequenz des Zwei-plus-vier-Vertrages zwischen den beiden deutschen Staaten und den vier Siegermächten des Zweiten Weltkrieges im Jahre 1990.

Trotz aller Souveränitätsbeschränkungen prägte aber das Grundgesetz den politischen Betrieb in Deutschland nachhaltig.

Die Weichenstellung der Verfassungsarchitekten zugunsten eines Rechtsstaates wurde realisiert. Hierdurch wuchs eine durch Gesetz und Verfassung gebundene Staatsgewalt heran, die durch Grundrechte eingehegt wird und einen engmaschigen Rechtsschutz für die Bürger gewährleistet. Davon legen zahllose Berichte Zeugnis ab – unter ihnen auch international vergleichende Bilanzen wie die seit 1972 jährlichen Berichte von *Freedom House* über den Zustand der politischen Rechte und der Bürgerrechte in den souveränen Staaten der Welt.[4] Doch der weit ausgebaute Rechtsstaat rief auch Kritik hervor. Dass der Rechtsstaat die Substanz des Politischen zerstören könne, befürchteten nicht nur autoritär-konservative Beobachter wie Carl Schmitt 1933. Denn ein ausgebauter Rechtsstaat regelt in großem Umfang auch Angelegenheiten, die grundsätzlich politisch entschieden werden könnten. Die hiermit gegebene Oberherrschaft des Rechtes kann, so zeigt die instruktive Studie von A. Stone Sweet, zum «Regieren mit Richtern» führen und sogar im «Regieren durch Richter» enden. Ferner steht die Fesselung der politischen Gewalt durch das Recht in Spannung zur «politischen Instrumentierung des Rechts», denn das Recht dient zugleich als ein Instrument der Ermöglichung und Verwirklichung politischer Ziele durch den Gesetzgeber.[5]

Die Weichenstellung zur Republik wurde seit 1949 ebenfalls in vollem Umfang umgesetzt. Mittlerweile ist dies bundesweit anerkannt. In den frühen 1950er Jahren war das noch nicht der Fall, weil vor allem ein Teil der älteren Generation, der das Kaiserreich aus eigener Anschauung oder aus verklärender Überlieferung heraus deutete, die Monarchie als höherwertig einstufte als die Demokratie.

Auch die verfassungsrechtliche Weichenstellung zugunsten der Demokratie wurde verwirklicht. Das zeigen alle Messungen des Demokratiegehaltes von Staatsverfassungen. Obendrein gehört die Bundesrepublik Deutschland zum Klub der stabil verankerten Demokratien, zu dessen Mitgliedern vor allem die Staaten Nordamerikas und Westeuropas sowie Japan, Australien und Neuseeland zählen. Der Form nach ist Deutschlands Demokratie eine Mischung aus einer Mehrheits- und einer Konkordanzdemokratie, wobei der Zwang zum Kompromiss, der die Konkordanzdemokratie kennzeichnet, hauptsächlich im

Bund-Länder-Geflecht verankert ist. Überdies gibt die Repräsentativdemokratie den Ton an – Direktdemokratie galt den Verfassungsgründern als potentielle «Prämie für Demagogen». Allerdings kommen direktdemokratische Prozeduren in den Ländern und den Kommunen viel stärker zum Zuge, vor allem in der Süddeutschen Ratsverfassung, die unter anderem die Direktwahl des Bürgermeisters vorsieht. Zudem sind die starken Selbstverwaltungstraditionen zu bedenken – in den Gemeinden und in der Arbeitswelt, aber auch im Hochschulwesen, in der Forschungsförderung und der Sozialpolitik. Ferner macht das Mit- und Gegeneinander von Parteienwettbewerb und Bundesstaat die Opposition des Bundestages zum Mitregenten in der Bundespolitik, und zwar insbesondere bei Verfassungsänderungen, die eine Zweidrittelmehrheit im Bundestag und im Bundesrat erfordern, und bei allen zustimmungspflichtigen Gesetzen, sofern die Opposition die Mehrheit der Länderstimmen im Bundesrat auf ihre Seite bringt. Davon berichten im Einzelnen die Kapitel 5 und 6.

Allerdings wurden auch kritische Stimmen zur Verfassungswirklichkeit der Demokratie laut, beispielsweise Kritik an ihrem kurzen Zeittakt und ihrer Neigung, die Bedürfnisse des Augenblicks vorrangig zu bedienen. Beides erschwert eine längerfristige Politik, denn innerhalb kurzer Zeitspannen müssen Regierung und Opposition den Wählern greifbare Erfolge vorzeigen oder glaubwürdig versprechen können. Doch infolge der Existenz von 16 Ländern mit 16 Landtagswahlen und einer Bundestagswahl innerhalb von vier bis fünf Jahren befindet sich die Politik in Deutschland im Unterschied zu Einheitsstaaten im Dauerwahlkampffieber. Das verkürzt den demokratischen Zeittakt noch weiter. In die gleiche Richtung wirkt die vorzeitige Auflösung des Bundestags, wie die von 1972, 1982 und 2005.

Das Grundgesetz schreibt für die Staatsorganisation den Bundesstaat vor. Auch diese Vorgabe wurde realisiert. Vor 1990 waren die Wirtschafts- und Finanzkraftunterschiede zwischen den Ländern von mäßiger, höchstens mittlerer Höhe. Durch das Hinzukommen der fünf neuen, wirtschaftlich schwächeren Bundesländer Brandenburg, Mecklenburg-Vorpommern, Sachsen, Sachsen-Anhalt und Thüringen sind die Wirtschafts- und Finanzkraftunterschiede jedoch sehr groß geworden. Andererseits blieb Deutschlands Föderalismus auch seit der Wiedervereinigung ein «unitarischer Bundesstaat» (Konrad Hesse). Dieser engagiert sich so sehr für die Gleichwertigkeit der Lebensverhältnisse im gesamten Bundesgebiet und für die bundesweite Rechts- und Wirtschaftseinheit, dass man meinen könnte, er sei in Wirklichkeit ein Einheitsstaat. Zu den Markenzeichen des Föderalismus hierzulande zählt ferner die insbesondere seit der zweiten Hälfte der 1960er Jahre weit ausgebaute, durch die Föderalismusreform 2006 nur vorsichtig eingedämmte «Politikverflechtung» (Fritz W. Scharpf u. a. 1976). Die Politikverflechtung verknüpft in wichtigen Aufgabenbereichen die Politik der Länder mit der des Bundes. Das ist insbesondere in der Gesetzgebung der Fall, größtenteils auch bei den Staatsfinanzen sowie bei der Planung und Durchführung gesamtstaatlicher Angelegenheiten, vor allem in den Gemeinschaftsaufgaben nach Artikel 91a und 91b des Grundgesetzes (wozu insbesondere die regionale Wirtschaftsförderung und die Forschungsförderung zählen) und den Zuwendungen des Bundes nach Artikel 104b, der Bundesfinanzhilfen für wirtschaftspolitisch besonders bedeutsame Investitionen der Länder und Gemeinden vorsieht. Die Kehrseite des «Verbundföderalismus» ist die geringe politische Autonomie der Länder. Allerdings wurde diese kompensiert durch die gesicherte Mitwirkung der Länderregierungen an der Bundesgesetzgebung.

Nicht minder fleißig war der Gesetzgeber bei der Umsetzung des «sozialen Staatszieles» des Grundgesetzes. Die Leitlinien hierbei hießen: Schutz gegen materielle Verelendung, Versicherung gegen die Wechselfälle des Lebens, Kompensation für Schädigungen, Hilfe zur Selbsthilfe, Dienstleistungen und Fürsorge für Bedürftige. Der Gesetzgeber legte die sozialstaatliche Verpflichtung sogar extensiv aus. Die Sozialstaatsklausel schreibt zwar nicht die Wahl des Sozialstaatsmodells vor und diktiert der Politik auch nicht im Detail diese oder jene sozialpolitische Leistung. Doch sie verlangt vom Staate, dass er die Grundlagen für eine menschenwürdige Existenz jedes Staatsbürgers gewährleis-

tet. Daraus haben Politiker von Regierung und Opposition sowie die Sozialgerichtsbarkeit einen der weltweit ehrgeizigsten
und aufwändigsten Wohlfahrtsstaaten gezimmert.

Die Bundesrepublik Deutschland ist laut Verfassung auch ein
«offener Staat», der Souveränitätsbefugnisse an inter- und supranationale Einrichtungen wie die Europäische Union abtreten
kann, sofern diese verträglich mit dem Grundgesetz sind. Mit
dem «offenen Staat» erwarb Deutschland die Vorteile der Mitwirkung an nationalstaatsübergreifenden Arrangements. Denn
der «offene Staat» ermöglicht transnationale Maßnahmen gegen grenzüberschreitende Probleme beispielsweise in der Militärpolitik, im Umweltschutz oder bei der Einwanderung. Allerdings ist der hierfür zu entrichtende Preis hoch: Der demokratisch kontrollierbare Kreis öffentlicher Angelegenheiten wird in
dem Maße kleiner, in dem die Souveränitätsrechte vom Natio-
nalstaat auf supranationale Organisationen, wie die Europäische Union, verlagert und dort nicht in gleichem Maße durch
demokratische Arrangements kompensiert werden. Insoweit
gehört zum «offenen Staat» der Bundesrepublik ein Demokra-
tieproblem, im Falle der EU deren «strukturelles Demokratie-
defizit». Der Kern des strukturellen Demokratiedefizits besteht
aus einem – im Vergleich zur Exekutive und Judikative – immer
noch schwachen Parlament und dem Fehlen einer europäisierten vollwertigen «Kommunikations-», «Erinnerungs-» und «Er-
fahrungsgemeinschaft».[6]

4. Resultate der Staatsverfassung

Das Grundgesetz wird mitunter kritisch beäugt. Etliche Beobachter halten ihm vor, ihm fehle die Legitimation durch eine
Volksabstimmung, bemängeln die Vorrangstellung der Judikative, werten die komplizierten Machtbalancierungen zwischen
Bund und Ländern als überholt oder kritisieren die Schwäche
plebiszitärer Elemente. Die Kritik wird aber überlagert von
positiveren Wertungen. Weithin gilt das Grundgesetz als eine
Erfolgsgeschichte. Die große Mehrheit der Beobachter wertet es
als ein insgesamt zuverlässiges, stabiles, kalkulierbares Spiel-

regelwerk für Politik, Wirtschaft und Gesellschaft, das auf anerkennungswürdigen Leitprinzipien ruht. Gewiss gab und gibt es Streit über Teile der Verfassung. Heftig umstritten war der Einbau der Wehrverfassung in das Grundgesetz. Hohe Wellen schlug auch der Streit über die Ergänzung des Grundgesetzes durch die «Notstandsverfassung» in den Jahren der Großen Koalition von 1966 bis 1969. Und bei der Verfassungspolitik zur deutschen Einheit stand der Mehrheit von Befürwortern des Grundgesetzes eine Minderheit gegenüber, die für eine grundlegend neue Verfassung votierte. Auch gelten Teile der Verfassung – unter anderem die Regelungen des Föderalismus – als überholungsbedürftig, weil sie die Geschicke des Bundes zu sehr mit denen der Länder verquicken. Dass das Grundgesetz aber eine hoffnungslos «verstaubte Verfassung» sei, so der Tenor der SPIEGEL-Serie im Jahre 2003, ist die Meinung einer Minderheit, die vor allem daran Anstoß nimmt, dass die Verfassung hierzulande die Reichweite der Politik scharf eingrenzt, das Tempo der Politik drosselt und einer anspruchsvollen Reformpolitik hohe Barrieren entgegenstellt.[7]

Das «Spielregelwerk» des Grundgesetzes und die Politik, die auf seiner Grundlage praktiziert wurde, brachten in der Verfassungswirklichkeit eine unverwechselbare Herrschaftsform hervor. Diese hat sechs Hauptmerkmale. Das erste ist eine «konstitutionelle Demokratie» (Carl Joachim Friedrich), in der das Recht und insbesondere die vom Bundesverfassungsgericht ausgelegte Verfassung letztlich die Oberhoheit über Politik und Wirtschaft beanspruchen und Machtaufteilung anstelle von Machtkonzentration herrscht.

Das zweite Kennzeichen ist eine Mischform aus mehrheits- und konkordanzdemokratischen Regelsystemen. Entsprechend vielgestaltig sind die Konfliktregelungsprinzipien: neben Hierarchie (z. B. bindende Beschlüsse des Bundesverfassungsgerichtes) und Mehrheitsprinzip (wie bei Wahlen und der Regierungsbildung) spielt das Aushandeln unter Beteiligten mit Vetopositionen eine große Rolle – insbesondere im Bund-Länder-Gefüge. Mitunter geraten die Konfliktregelungsprinzipien in Widerstreit, oft im Falle zustimmungspflichtiger Gesetze.

Drittens ist nicht nur der Staat der Bundesrepublik insgesamt halbsouverän, sondern auch seine Demokratie. Ihre eingeschränkte Souveränität ergibt sich vor allem aus den «Brechungen des demokratischen Prinzips»[8], insbesondere durch Verfassungsgerichtsbarkeit, Föderalismus und Delegation von Souveränitätsbefugnissen an inter- und supranationale Organisationen.

Viertens ist die Bundesrepublik keineswegs nur Parteienstaat, sondern auch der Staat der vielen Vetospieler und Mitregenten, der sich obendrein im Dauerwahlkampf befindet, wodurch das politische System in Dauerstress gerät.

Fünftens ist Deutschland ein «delegierender Staat», der einen erheblichen Teil der öffentlichen Aufgaben an gesellschaftliche Assoziationen delegiert, beispielsweise die Einrichtungen der Sozialversicherungen, und ein «offener Staat», der beträchtliche Souveränitätseinschränkungen in Kauf nimmt.

Schließlich ist die Bundesrepublik ein Staat, in dem der Parteienwettbewerb, der den Kampf und den Konflikt um die Machtverteilung betont, auf starke Kooperationszwänge stößt – vor allem weil die meisten bedeutenden Gesetzgebungen, insbesondere Verfassungsänderungen und zustimmungspflichtige Gesetze, die Zustimmung der Mehrheit im Bundestag *und* im Bundesrat erfordern. Gehört die Mehrheit im Bundesrat parteipolitisch zum Lager einer der Oppositionsparteien des Bundestages, kann die Opposition über den Bundesrat mitregieren oder die Gesetzgebung weitgehend blockieren. Insoweit erfordern bedeutende Gesetzgebungen in Deutschland ein Bündnis zwischen Bundestags- und Bundesratsmehrheit und – bei divergierenden Mehrheiten im Bundestag und Bundesrat – eine formelle oder informelle große Koalition zwischen Regierung und Opposition. Insoweit ist die Bundesrepublik auch der «Staat der Großen Koalition».[9]

II. Wähler, Wahlsystem und Wahlverhalten

Im antiken Griechenland, wo die Demokratie erfunden wurde, war nur eine Minderheit der Erwachsenen wahlberechtigt, günstigstenfalls jeder vierte. Ausgeschlossen blieben die Frauen, die zahlreichen Sklaven und die «Fremden», die nach dem Geburtsort der Eltern nicht zum geschlossenen Kreis der Polis gehörten, unter ihnen Aristoteles. Heutzutage ist das anders. In allen Demokratien ist die übergroße Mehrheit der mindestens 18-Jährigen wahlberechtigt – mit Ausnahme des Teils der Wohnbevölkerung, der nicht die Staatsangehörigkeit besitzt.

1. Wählerschaft

Deutschlands Wählerschaft spiegelt die Strukturen einer wohlhabenden Industrie-, Dienstleistungs- und Wissensgesellschaft wider, die auf einer Marktwirtschaft basiert und von einem umfangreichen öffentlichen Dienst sowie einem weit ausgebauten Sozial- und Daseinsvorsorgestaat flankiert werden. Zu den Wahlberechtigten gehören in Deutschland zu etwa gleichen Teilen Männer und Frauen, so der Stand bei der letzten Bundestagswahl (2005). Der Wählerschaft ist die fortgeschrittene Alterung der Gesellschaft anzusehen: Allein die mindestens 60-Jährigen stellen 32 Prozent der Wähler. Noch ist die Mehrheit der Wähler berufstätig. Doch die Alterung wird die Gewichte weiter verschieben und insbesondere den Wähleranteil der Altersrentner erhöhen. Der Klassenstruktur nach zu urteilen wird das Geschehen auf dem Wählerstimmenmarkt fast vollständig von «Erwerbsklassen» (Max Weber) und «Versorgungsklassen» (Rainer Lepsius) bestimmt, also von sozialen Klassen, die ihren Lebensunterhalt hauptsächlich aus der Verwertung von Qualifikationen bzw. aus staatlichen Leistungen finanzieren. Die «Besitzklassen» (Max Weber), also diejenigen sozialen Klassen, die ihren Lebensunterhalt überwiegend aus Einkünften aus Vermögen bestreiten, spielen zahlenmäßig nur noch eine Statistenrolle. Auch die Erwerbsklassen haben sich gewandelt: Nach Berufsgruppen stellen die Angestellten mittlerweile die stärksten Bataillone unter den Wählern, gefolgt von den Arbeitern, die noch in den 1950er Jahren die größte Berufsgruppe in der Wählerschaft bildeten. An dritter Stelle kommen die Beamten. Gewerkschaftlich organisierte Wähler treten dank ihrer schlagkräftigen und lautstarken Organisationen bei Wahlen hörbar in Erscheinung, doch sind sie mit 15 Prozent eine Minderheit der Wähler. Der Bildungsstand der Wähler reflektiert schon erkennbar Strukturen einer Wissensgesellschaft. Gewiss: Es dominieren Wähler mit mittlerer Reife (rund ein Drittel) und Hauptschüler (rund ein Drittel), doch schon ein weiteres Drittel der Wähler sind Universitätsabsolventen oder Wähler mit Hochschulreife.

Religiöse und konfessionelle Trennlinien spielen nach wie vor eine bedeutende Rolle im Wählerverhalten. Religion und Konfession teilen die Wählerschaft im wiedervereinigten Deutschland in drei etwa gleich große Teile und einen vierten kleinen Teil. Rund ein Drittel der Wähler ist römisch-katholischer Konfession, etwas mehr als ein Drittel protestantisch, ein weiteres Drittel ist konfessionslos, und knapp 2 Prozent gehören anderen Konfessionen an. Und von den rund drei Millionen Muslimen in Deutschland sind derzeit weniger als eine Million wahlberechtigt. Ihr Wähleranteil wird bei zunehmender Einbürgerung und Zuwanderung aus muslimischen Ländern zunehmen.

2. Wahlsystem

In Deutschland wird nach dem Verhältniswahlsystem gewählt. Die Wählerstimmen werden bei Bundestags- und Landtagswahlen nach dem Prinzip der proportionalen Repräsentation in Parlamentsmandate umgerechnet – im Unterschied zum Mehrheitswahlrecht wie in Großbritannien, Frankreich oder bei der Auszählung der Wahlmännerstimmen bei US-Präsidentschaftswahlen. Die Verhältniswahl zielt vor allem auf die angemessene Vertretung der kandidierenden Personen oder Parteien entsprechend ihrer Stimmenanteile. Die Mehrheitswahl hingegen strebt vor allem die Herausbildung einer handlungsfähigen Mehrheit an und akzeptiert erhebliche Disproportionen zwischen der Stimmen- und der Mandatsverteilung. Bei den US-Präsidentschaftswahlen von 2000 beispielsweise mobilisierte der Gewinner – George W. Bush – 47,9 % der Wählerstimmen, während der Präsidentschaftskandidat der Demokraten Al Gore mit 48,4 % die relative Mehrheit gewann. 3,7 % entfielen auf andere Kandidaten. Den Ausschlag aber gab die Verrechnung der Stimmen in Wahlmännerstimmen: Bush gewann dank des Mehrheitswahlrechts mit 50,4 % gegen Gore (49,4 %).

Bei Bundestagswahlen kommt die Verhältniswahl mit einer personalisierten Komponente und einer Fünf-Prozent-Sperrklausel zum Zuge. Bei der Umrechnung von Stimmen in Abgeordnetensitze werden nur Parteien berücksichtigt, die mindestens 5 Prozent der Stimmen oder drei Direktmandate gewannen. Personalisiert ist die Verhältniswahl, weil die Wähler mit ihrer Erststimme darüber entscheiden, welcher Kandidat in den Bundestag einzieht.

Nicht nur die Unterscheidung zwischen Verhältnis- und Mehrheitswahl ist wichtig, sondern auch die Größe der Wahlkreise. Bei Bundestagswahlen sind Einerwahlkreise vorgeschrieben, in denen nach dem Prinzip der relativen Mehrheit gewählt wird, im Unterschied zum Mehrmannwahlkreis, in dem die Mehrheits- oder die Verhältniswahl stattfinden kann.[10] Ferner schreibt das Wahlrecht für Bundestagswahlen die Einzelkandidatur und die starre Liste vor, in der die Kandidaten auf Listen mit Wahlvorschlägen platziert sind, wobei diese Listen von den politischen Parteien beherrscht werden.

Seit 1953 hat der Wähler bei Bundestagswahlen zwei Stimmen. Seine Erststimme entscheidet darüber mit, welcher Abgeordnete den Wahlkreis im Bundestag vertritt. Mit der Zweitstimme werden die Parteien gewählt. Aus den Zweitstimmenanteilen der Parteien wird die Zahl ihrer Abgeordnetensitze ermittelt. Seit 1953 entfällt die Hälfte der Abgeordnetensitze, die sogenannten Grundmandate, auf die Kandidaten, die die relative Mehrheit in den Wahlkreisen gewonnen haben. Die andere Hälfte der Grundmandate entfällt auf diejenigen Parteien, die mindestens 5 Prozent der Stimmen oder drei Direktmandate erhalten haben, und zwar proportional zu ihrem Stimmenanteil. Gewinnt eine Partei mehr Direktsitze als ihr nach der Zweitstimmenverteilung zustehen, behält sie diese Sitze. Das sind die Überhangmandate. Solange aber eine Partei des Bundestages in einem Land über Überhangmandate verfügt, darf der Sitz eines direkt gewählten Abgeordneten nach dessen Ausscheiden nicht aus der Landesliste nachbesetzt werden. Umgerechnet werden die Stimmen in Abgeordnetenmandate seit 1985 nach der Hare-Niemeyer-Methode der mathematischen Proportionen, die für kleine Parteien etwas günstiger ist als das Umrechnungssystem nach d'Hondt, das bis dahin in Kraft war.

Die Überhangmandate bringen eine Abweichung vom Prinzip der Verhältniswahl zustande und können über Sieg und Niederlage entscheiden. Hinzu kommt die Abweichung infolge der Fünf-Prozent-Sperrklausel, die als Barriere gegen kleine Parteien oder Kleinstparteien wirkt.

Wie gut oder schlecht ist Deutschland mit seinem personalisierten Verhältniswahlrecht mit Sperrklausel gefahren? Passabel, lautet das Urteil der Fachleute. Allerdings verzerren die Überhangmandate die Erfolgswertgleichheit der Stimmen. Auch deshalb hat das Bundesverfassungsgericht 2008 eine Neuregelung bis spätestens 2011 angemahnt. Die Zeiten des erbitterten Streits zwischen Befürwortern des Mehrheitswahlrechts nach britischer Art und Anhängern der Verhältniswahl sind aber vorüber. Das erfreut verständlicherweise Parteien, denen die Verhältniswahl besonders gut bekommt: die kleineren Parteien wie FDP, Grüne und die Linkspartei. Doch Befürworter der Verhältniswahl sind mittlerweile auch die großen Parteien, die von einer Mehrheitswahl befürchten, in die Opposition verbannt zu werden.

Aufgrund des Verhältniswahlrechts können in Deutschland kleine Parteien zum Koalitionspartner einer größeren Regierungspartei aufsteigen und hierdurch großen Einfluss auf die Politikgestaltung gewinnen. Lange profitierte davon vor allem die FDP. Sie war bis in die 1990er Jahre oft das Zünglein an der Waage: Sie entschied letztlich darüber, welche der großen Parteien an die Bundesregierung kam. Bei der Regierungsbildung nach den Bundestagswahlen von 1998 und 2002 hingegen übernahm die Partei Bündnis 90/Die Grünen diese Position.

Das Wahlsystem für Bundestagswahlen könnte übrigens ohne großen Aufwand geändert werden. Die Verfassung schreibt nur vor, dass die Abgeordneten des Deutschen Bundestages in allgemeiner, unmittelbarer, freier und geheimer Wahl gewählt werden. Ferner legt sie das Wahlalter fest. Alles Weitere ist einem Bundesgesetz überlassen, das von der Mehrheit des Bundestages beschlossen wird und von ihr geändert werden kann – und zwar ohne Vetochance der Opposition und des Bundesrates. Rein theoretisch könnte also die Bundestagsmehrheit an die Stelle des Verhältniswahlrechts ein Mehrheitswahlrecht setzen – mit der wahrscheinlichen Konsequenz, dass die kleineren Parteien nicht mehr ins Parlament kämen und dort nur die Unionsparteien und die SPD übrig blieben. Weil aber die kleinen Parteien aus Selbsterhaltungsinteresse nie für ein Mehrheitswahlsystem stimmen würden, kämen für eine entsprechende Wahlsystemänderung nur die großen Parteien in Frage, und zwar in einer großen Koalition, um die 50-Prozent-Schwelle zu überwinden. Eine solche Konstellation war das letzte Mal in der zweiten Hälfte der 1960er Jahre in Sicht – bis sich die SPD darauf besann, dass eine solche Wahlsystemänderung sie womöglich dauerhaft in die Opposition führen würde. Tatsächlich ist die SPD nur in drei von 16 Bundestagswahlen zur stärksten Partei geworden: 1972, 1998 und mit hauchdünner Mehrheit auch 2002.

3. Wahlbeteiligung

Nicht alle Wahlberechtigten nutzen ihr Wahlrecht. An der Bundestagswahl 2005 beteiligten sich 77,7 Prozent der Wahlberechtigten. Im internationalen Vergleich ist die Wahlbeteiligung in Deutschland hoch. Bei den Bundestagswahlen liegt sie mit durchschnittlich 85 Prozent um 4 Prozentpunkte über der durchschnittlichen Wahlbeteiligung bei Parlamentswahlen westlicher

Demokratien in den vergangenen 50 Jahren – und übertrifft die durchschnittliche Wahlbeteiligung bei US-Präsidentschaftswahlen (57,5 Prozent) oder den Schweizer Nationalratswahlen in diesem Zeitraum (54,4 Prozent) bei weitem.

Bei Landtagswahlen ist die Wahlbeteiligung durchschnittlich um etwa 10 Prozentpunkte niedriger als bei Bundestagswahlen. Beides zeigt, dass die konventionelle politische Beteiligung in Deutschland nach wie vor solide verankert ist. Allerdings variiert die Wahlbeteiligung von Gruppe zu Gruppe. Unterdurchschnittlich ist die der jüngeren Wähler und der über 70-Jährigen. Lange beteiligten sich die Frauen weniger an Bundestagswahlen als die Männer, doch seit 1972 ist der Unterschied zwischen Wählerinnen und Wählern bei der Wahlbeteiligung verschwindend gering. Ansonsten wird die Wahlbeteiligung von den Faktoren geprägt, die üblicherweise die Unterschiede in der politischen Mitwirkung erklären: Je höher der Ausbildungsstand, desto höher die Wahlbeteiligung, und je höher der berufliche Status, desto häufiger der Gang zur Urne. Zu überdurchschnittlicher Wahlbeteiligung neigen zudem Wähler mit größerem politischem Interesse und mit höherer Demokratiezufriedenheit sowie Gewerkschaftsmitglieder und Kirchenmitglieder.

4. Stimmenverteilung auf die politischen Parteien

Bei der Bundestagswahl vom 18. 9. 2005 erreichten die Unionsparteien 35,2 und die SPD 34,2 Prozent der Zweitstimmen. Mit großem Abstand folgten die FPD (9,8 Prozent). «Die Linke. PDS» (8,7 Prozent) und Bündnis 90/Die Grünen (8,1 Prozent).

Die derzeitige Stimmenverteilung weicht von der langfristigen Stimmenverteilung ab. Die FDP liegt 2005 über ihrem langfristigen durchschnittlichen Stimmenanteil (8,8 Prozent bei den Bundestagswahlen von 1949 bis 2002), die SPD unter diesem Wert (37,6 Prozent) und die Unionsparteien noch deutlicher unter ihrem langfristigen Mittelwert (43,7 Prozent).

Noch ein Weiteres verdient Erwähnung: Bis zur Bundestagswahl von 1994 übertraf der Stimmenanteil der bürgerlichen Parteien – CDU/CSU und FDP – den der Mitte-links- und Linksparteien. 1998, 2002 und 2005 kehrte sich dieser Trend um. Bei diesen Wahlen gewannen die Linksparteien – SPD, Grüne und PDS bzw. «Die Linke.PDS» – ein Übergewicht über die bürgerlichen Parteien. Allerdings sind die Gesetzgebungsmehrheiten der kleinen Koalitionen geschrumpft. Gemessen am Anteil der Regierungsparteien an den abgegebenen Stimmen erzielte beispielsweise die Koalition aus SPD und Grünen nur noch 47,1 Prozent – deutlich weniger als etwa die Kohl-Regierung mit 54,8 Prozent im Jahre 1990 oder die letzte Adenauer-Regierung mit 58,2 Prozent.

Viele Faktoren wirken auf das Wählerverhalten ein. Wie in den meisten entwickelten Demokratien sind auch in Deutschland drei Gruppen von Bestimmungsfaktoren besonders wichtig. Zu den unmittelbaren Bestimmungsfaktoren gehören die jeweilige Bewertung der Spitzenkandidaten der Parteien, die innere Haltung der Wähler zu den tonangebenden Streitfragen in der Wahl sowie die Problemlösungskompetenz, die sie den konkurrierenden Parteien zuschreiben. Alle drei unmittelbaren Bestimmungsfaktoren – Kandidaten, Streitfragen und Problemlösungskompetenz – werden in beträchtlichem Maß von einer tiefer liegenden Größe bestimmt: der Parteiidentifikation. Das ist die «psychologische Parteimitgliedschaft», die relative Nähe oder Distanz eines Wählers zu einer Partei, oder auch das Sammelkonto der Erfahrungen, die ein Wähler mit einer Partei gemacht hat, einschließlich seiner zukünftigen Erwartungen. Ein Wähler mit hoher Parteiidentifikation mit der Partei X wird in der Regel den Kandidaten dieser Partei, ihre Position zu den Streitfragen und ihre Problemlösungskompetenz positiver bewerten als die der Konkurrenz. Allerdings kommen auch Abweichungen von diesem Zusammenhang zustande, beispielsweise wenn die Partei X eine Politik praktiziert, die von den Erwartungen des Wählers weit abweicht oder wenn die Ausstrahlungskraft des Kandidaten der Partei Y die von X weit überragt.

Die tiefer liegende Parteiidentifikation wird ihrerseits von vielen Faktoren geformt. In ihr werden die Erfahrungen vergangener Wahlen zusammen mit der Bewertung der Politik von

Regierung und Opposition verbucht. Auf die Parteiidentifikation wirken ferner Bestimmungsfaktoren ein, die auch einen
direkten Einfluss auf das Wählerverhalten haben können: die
Verankerung des Wählers in der Sozialstruktur und seine Wertorientierung. Die Verankerung in der Sozialstruktur hängt unter
anderem maßgeblich von der Klassen- und der Berufsgruppen-
zugehörigkeit ab. So wählen beispielsweise gewerkschaftlich
organisierte Arbeiter in der Regel mehrheitlich eine Linkspartei, während Freiberufliche, Selbstständige und Landwirte mit
großer Mehrheit eine der bürgerlichen Parteien bevorzugen.
Wähler mit starker kirchlicher Bindung hingegen neigen hauptsächlich zu den Unionsparteien, während Wähler ohne religiöse
Bindung überproportional für eine der Linksparteien stimmen.

Auch die Wertorientierung ist wichtig. Die Wähler, die sich
vor allem materialistische Ziele gesetzt haben, gehören zum
Wählerkreis der bürgerlichen Parteien und der SPD. Wähler mit
post-materialistischen Zielen (wie Selbstverwirklichung oder
Umweltschutz) neigen hingegen zu libertären Parteien bzw. zu
ökologisch und/oder pazifistisch orientierten Gruppierungen,
finden sich aber auch teilweise im linken Flügel der sozialdemokratischen Parteien.

Die erwähnten Bestimmungsfaktoren des Wählerverhaltens
sind nur die allerwichtigsten. Viele andere kommen hinzu: regionale Komponenten, Geschlecht, Altersgruppe, Ausbildungsstand oder der Einfluss von Massenmedien. Zudem können die
Prägekraft der einzelnen Bestimmungsfaktoren und ihr Zusammenwirken von Wahl zu Wahl unterschiedlich sein.

Mit dieser Einschränkung sind die folgenden Ausführungen
zum Wählerverhalten bei der Bundestagswahl vom 18.9.2005
zu lesen. Natürlich wählten die Wähler in großer Mehrheit
Rot oder Grün, die den zu diesem Zeitpunkt amtierenden Bundeskanzler Gerhard Schröder positiver bewerteten als Angela
Merkel, die Kanzlerkandidatin der Opposition, und die den
Regierungsparteien SPD und Grünen mehr Problemlösungskompetenz und bessere Positionierung zu den Streitfragen der
Wahl beimaßen als der Opposition. Analoges gilt für die Wähler, die die Vorteile vor allem bei den Oppositionsparteien und

deren Kandidatin sahen. Ähnlich das Bild bei der Parteiidentifikation: Wähler mit starker Parteiidentifikation mit der SPD stimmten bei der Bundestagswahl mit großer Mehrheit für die SPD. Analoges gilt für die Anhänger anderer Parteien.

Das Wahlverhalten von Wählern mit geringerer Parteiidentifikation hingegen wird viel stärker durch Tagespolitik, Stimmungen und Meinungsklimata geprägt, aber auch durch individuelles Kosten-Nutzen-Kalkül. Wähler mit geringer Parteiidentifikation treffen ihre Wahlentscheidung stärker nach der persönlichen Einstufung der Kandidaten, der Streitfragen und der Problemlösungskompetenz, aber auch beispielsweise nach der Beurteilung der derzeitigen eigenen wirtschaftlichen und der gesamtwirtschaftlichen Lage. Meist wirken auch tiefer sitzende Bestimmungsfaktoren mit. Zu ihnen gehören Ost-West-Unterschiede. Die stärkste Partei unter den ostdeutschen Wählern war 2005 die SPD mit 30,5 Prozent, die stärkste Partei unter den westdeutschen Wählern die CDU/CSU mit 37,5 Prozent. Wären nur die Stimmen in den alten Bundesländern gezählt worden, hätten die Union und die FDP die Wahl gewonnen.

Differenzen kennzeichnen auch das Wahlverhalten von Frauen und Männern. Die stärkste Partei bei den Männern war bei der Bundestagswahl 2005 die CDU/CSU, bei den Wählerinnen lagen CDU/CSU und SPD aber gleichauf. Auch die Altersgruppen machten einen Unterschied: 39 % der Erstwähler gaben der SPD ihre Zweitstimme und 26 % der CDU/CSU. Wähler bis zum Alter von 59 Jahren bevorzugten die SPD, ältere Wähler hingegen mit deutlichem Vorsprung die Unionsparteien. Gleichauf liegen die großen Parteien bei der ökonomisch aktiven Bevölkerung. Bei den Alterspensionären ist mittlerweile die CDU/CSU erneut die stärkste Partei, während die im Ausbildungswesen befindliche Wahlbevölkerung mehrheitlich zur SPD und überproportional zu den Grünen neigt. Auch bei den Berufsgruppen gibt es die zu erwartenden Zuordnungen. Bei den Arbeitern und bei den Angestellten erzielte die SPD einen höheren Stimmenanteil als die Union, während die Union bei den Beamten, den Selbstständigen und den Landwirten die stärkste Partei wurde. Gewerkschaftsmitglieder gehören traditionell zur Kernwählerschaft der SPD. Dort blieb auch 2005 der Vorsprung gegenüber den Unionsparteien groß. Ähnlich große Unterschiede kommen durch Konfession und religiöse Bindung zustande: Katholische Wähler favorisieren die CDU, protestantische Wähler sowie Wähler ohne konfessionelle Bindung neigen stärker zur SPD, und konfessionslose Wähler stimmen auffällig häufig für die Grünen und in Ostdeutschland für die Linkspartei bzw. für deren Vorgänger PDS und «Die Linke.PDS».[11]

Der Überblick über das Wählerverhalten wäre ohne die Bestimmungsfaktoren der Wahl kleinerer Parteien unvollständig. Deutlich überdurchschnittliche Stimmenanteile erzielte beispielsweise die Partei Bündnis 90/Die Grünen vor allem im Westen Deutschlands, im Osten aber schwächelt sie. Höhere Stimmenanteile erreichten die Grünen eher bei Frauen als bei Männern, eher bei jüngeren als bei älteren Wählergruppen, eher bei Beamten als bei Arbeitern und hauptsächlich bei kirchlich nicht gebundenen Wählern. Viel Zuspruch erhielten die Grünen von in Ausbildung befindlichen Wählern und von Wählern mit Gymnasial- oder Universitätsabschluss: allein 18 Prozent der Universitätsabsolventen stimmten 2002 für die Grünen; ähnlich war das 2005.

Die Schwerpunkte der FDP-Wähler sind ebenfalls deutlich erkennbar. Die Zustimmung zu den Liberalen ist im Kreis der Wähler größer, die in der Ausbildung stehen, ebenso im Kreis der Selbstständigen und dem der Wähler mit Gymnasial- oder Hochschulabschluss.

Die Linkspartei hingegen ist nach wie vor überwiegend eine Ostpartei. Sie erzielt überproportional hohe Stimmenanteile bei den Arbeitslosen (23 Prozent) sowie bei den Wählern ohne konfessionelle Bindung, hat aber auch bei ostdeutschen Wählern mit Universitätsabschluss einen überdurchschnittlich hohen Anteil.

Wie stark sind heutzutage noch die Bindungen von Wählern an bestimmte gesellschaftliche Milieus? Manches spricht für, anderes gegen die These der Erosion der Milieubindungen. Gewiss ist der Einfluss von klassischen sozialen Milieus auf das Wahlergebnis insgesamt schwächer geworden, zum Beispiel der Einfluss des Milieus der gewerkschaftlich organisierten

Industriearbeiter oder der Einfluss des Milieus der religiös gebundenen Wähler. Dieser Einflussschwund resultiert aus dem
wirtschaftlichen Strukturwandel von der Industrie- zur Dienst-
leistungs- und Wissensgesellschaft sowie aus dem Säkularisie-
rungsschub und dem Wandel von den materialistischen zu den
post-materialistischen Werten. Innerhalb der Kernmilieus bleibt
allerdings die Parteineigung relativ stark. Nach wie vor stimmen gewerkschaftlich organisierte Arbeiter mit schwacher religiöser Bindung überwiegend für Linksparteien, insbesondere
für die SPD, und nach wie vor bevorzugen religiös orientierte
Wähler mit großer Mehrheit die Unionsparteien.

Allerdings wächst auch in Deutschland der Anteil der Wähler
mit schwacher oder fehlender Parteiidentifikation. Erhebungen
der Forschungsgruppe Wahlen zufolge stieg dieser Anteil zwischen der Erstmessung im Jahre 1977 und 2005 von rund
20 auf etwa 32 Prozent – mit steigender Tendenz. Demgegen-
über sank der Anteil der Wähler mit starker Parteiidentifikation
von rund 45 auf etwa 32 Prozent. Und in den neuen Bundesländern sind mehr als 40 Prozent der Wähler ohne nennenswerte
Parteibindung. Der Wählerstimmenmarkt ist auch in Deutschland flüssiger geworden. Somit sind Bestimmungsfaktoren des
Wählerverhaltens wichtiger geworden, die kurzfristiger Natur
sind und jenseits der sozialstrukturellen und wertbezogenen
Größen liegen. Der Wahlkampf und vor allem auch die Massenmedien sind für diese Wählergruppe wichtiger als für Wähler
mit stabilerer Parteiidentifikation.

Andererseits ist der Anteil der Wähler mit mittlerer oder starker Parteiidentifikation in Deutschland nach wie vor hoch: Er
liegt bei rund zwei Dritteln der Wähler. Von einer generellen
Loslösung der Wähler von den Parteien kann also keine Rede
sein. Zudem bleiben nur wenige Wähler lange ohne Parteiidentifikation.

Insgesamt resultiert aber aus den Bestimmungsfaktoren des
Wählerverhaltens und den Verschiebungen im Ausmaß der Parteiidentifikation eine größere Unübersichtlichkeit auf dem Wählerstimmenmarkt. Die Wählerschaft ist weniger vorhersehbar
geworden, und die Wechselwählerschaft, die «floating vote» hat

zugenommen. Das bedeutet zugleich größere Ungewissheit und größeren Stress für die politischen Parteien. Denn jede politische Partei findet sich nun dem Problem gegenüber, dass sie mehr für die Mobilisierung der Wählerstimmen aufwenden muss, ohne genau zu wissen, wie sie zum erstrebten Ziel gelangen soll.

5. Bundestagswahlen und Landtagswahlen

Bei der letzten Bundestagswahl im Jahre 2005 erreichten die CDU/CSU und SPD mit 35,2 bzw. 34,2 Prozent der Zweitstimmen fast einen Gleichstand – weit vor der FDP, den Grünen und der Linkspartei, die allesamt unter der 10-Prozent-Marke lagen. Interessanterweise erbrachten die Landtagswahlen von 1946 bis zur Bayerischen Landtagswahl 2008 in der Summe ein ähnliches Ergebnis. In den 195 Landtagswahlen dieses Zeitraums errang die CDU/CSU im Durchschnitt 39,5 Prozent der Stimmen, knapp vor der SPD mit 38,5 Prozent. Alle anderen Parteien liegen unter der 10-Prozent-Marke – die FDP mit 7,5 Prozent (189 Wahlen), die Grünen mit 6,9 Prozent (103 Wahlen) und die Linkspartei mit 5,7 Prozent (4 Wahlen seit ihrer Gründung im Juni 2007). Diese Werte sind allerdings Durchschnittswerte, sie basieren auf von Land zu Land unterschiedlichen Wahlergebnissen. CDU- oder CSU-Hochburgen sind traditionell Bayern und Baden-Württemberg. Mittlerweile ist die CDU auch in anderen Ländern die stimmenstärkste Partei – in Hamburg, Hessen, Niedersachsen, Nordrhein-Westfalen, Saarland und Schleswig-Holstein. Die stärkste Partei in den Ländern ist die SPD derzeit (Ende September 2008) nur noch in Berlin, Bremen, Brandenburg, Mecklenburg-Vorpommern und Rheinland-Pfalz.

Die Wahlergebnisse in den neuen Bundesländern unterscheiden sich von denen der alten Bundesländer so sehr, dass die Fachwissenschaft mitunter von zwei deutschen Parteiensystemen spricht – einem ostdeutschen und einem westdeutschen. In den neuen Ländern schwächen die Stärke der PDS bzw. der Linkspartei und die geringere Parteiidentifikation die Wettbewerbsposition der Parteien der alten Bundesrepublik. In Ostdeutschland erringen die Unionsparteien und die SPD in der

Regel niedrigere Stimmenanteile als in den alten Bundesländern. Gleiches gilt für die FDP und die Grünen, denen im Osten Deutschlands infolge des Erbes des DDR-Sozialismus die Mittelstandsbasis bzw. das Milieu der Postmaterialisten fehlen.

Nach den Landtagswahlen zu urteilen, ist die Machtverteilung zwischen den Parteien mit Stand von 2008 höchst unterschiedlich und nur im Durchschnitt aller Bundesländer näherungsweise deckungsgleich mit dem Ergebnis der Bundestagswahlen. Die zuvor erwähnten Bestimmungsfaktoren des Wählerverhaltens erklären einen beträchtlichen Teil der Unterschiede der Wahlergebnisse zwischen den Ländern und zwischen Landtags- und Bundestagswahlen, auch wenn sie je nach Bundesland unterschiedliches Gewicht haben. Religiöse Bindung und katholische Konfession beispielsweise spielen in den neuen Bundesländern nur eine geringe Rolle. Deshalb sind dort die Chancen der CDU ungünstiger und die der Linkspartei größer. Bayern hingegen ist ein Bundesland mit Startvorteilen der CSU: ihr kommen ein höherer Anteil kirchlich gebundener Wähler, ein höherer Anteil katholischer Wähler und die größere Popularität ihrer Spitzenkandidaten im Vergleich zum Führungspersonal der Opposition zugute. Hausgemachte Besonderheiten spielten lange ebenfalls mit, insbesondere eine erfolgreiche Wirtschafts- und Sozialpolitik, die Omnipräsenz der CSU in Bayerns Gesellschaft, ihre starke Medienpräsenz und ihre politisch besonders sichtbare Doppelrolle als Landespartei und bayrische Interessenvertreterin im Bund. Keiner dieser Einflussfaktoren ist auf Dauer gestellt. Das zeigt der Absturz der CSU bei der bayerischen Landtagswahl vom 28. 9. 2008 von 60,7 auf 43,4 Prozent der Stimmen. Bei dieser Wahl laborierte der CSU an ungünstigeren Bedingungen als zuvor. Zu diesen gehören die geringe Popularität ihrer Spitzenkandidaten, negative Schlagzeilen in wichtigen Politikfeldern (wie Finanz-, Bildungs-, Verkehrs- und Regionalpolitik), die schwächere Rolle der CSU im Bund, das Fehlen der Chance, sich gegen eine angeschlagene Bundesregierung zu profilieren (wie noch bei der Landtagswahl 2003), sowie die größere Attraktivität der kleineren bürgerlichen Parteien FDP und Freie Wähler in Bayern.

III. Parteien, Verbände und Massenmedien

Zwischen Bürgern und Staat vermitteln in den Demokratien intermediäre Institutionen. Unter diesen ragen in Deutschland die politischen Parteien so weit hervor, dass viele hierin ein untrügliches Zeichen eines «Parteienstaates» sehen. Andere werten die Interessengruppen als besonders einflussreiche Vermittler zwischen Staat und Bürgern. «Verbändestaat» lautet ihre Diagnose. Eine dritte Gruppe sieht die Massenmedien als eine neue Macht im Staate. Direktdemokratische Beteiligungschancen auf Landes- und Kommunalebene sowie zahlreiche Bürgerinitiativen vermitteln ebenfalls zwischen Bürgern und Staat. Aber noch wichtigere Vermittler zwischen Bürgern und Staat sind die politischen Parteien, die Verbände und die Medien. Deshalb stehen sie im Mittelpunkt dieses Kapitels.

1. Politische Parteien

Politische Parteien sind, so Max Weber, «freiwillig geschaffene und auf freie, notwendig stets erneute Werbung ausgehende Organisationen». Sie streben nach «Stimmenwerbung für Wahlen zu politischen Stellen oder in einer Abstimmungskörperschaft» und «Ämterpatronage». Doch Parteien zielen nicht nur auf Machterwerb und Machterhalt, sie streben auch nach politischer Gestaltung. Sie verfolgen auch «sachliche Ziele», so Webers Wortwahl. Ob die Parteien dabei Erfolg haben oder Misserfolg erleiden, ließ Weber mit gutem Grund offen. Und ob Machtstreben oder Gestalten die Oberhand gewinnt, ist ebenfalls offen. Die einen wollen Macht um zu gestalten, die anderen gestalten um Macht zu erhalten, und die dritten streben beides an. Alle drei Parteitypen geben in fast allen modernen Demokratien den Ton und den Takt in der Politik an.

Vom Vorrang der Parteien profitierten in der Bundesrepublik Deutschland vor allem die CDU/CSU und die SPD und die kleineren Parteien FDP, Bündnis 90/Die Grünen und die PDS, die sich seit Juli 2005 «Die Linke.PDS» nannte und sich 2007 mit der WASG (Wahlalternative Arbeit und Soziale Gerechtigkeit) zur Linkspartei zusammenschloss. Die in den Parlamenten vertretenen Parteien im heutigen Deutschland besetzen ein Feld, das auf der Achse der Staat-Markt-Arbeitsteilung von Links bis Rechts und auf der Werte-Achse vom liberal-libertären bis zum konservativen Pol reicht. Den linken Flügel nimmt die Linkspartei ein. Mitte-links-Positionen hält die SPD. Auf der Werte-Achse nehmen die Linkspartei und die SPD teils eher progressive, teils eher konservative Positionen ein. Die Unionsparteien liegen bei wirtschafts- und sozialpolitischen Fragen in der Mitte und auf der Liberalismus-Konservatismus-Achse näher beim konservativen Pol. Die FDP hält in der Wirtschaftspolitik meist marktfreundliche Positionen ein und liegt auf der Liberalismus-Konservatismus-Achse nahe beim liberalen Pol. Die Grünen zählen zur Linken und auf der Liberalismus-Konservatismus-Achse zum liberal-libertären Flügel. Den rechten und autoritär-konservativen Rand des Parteiensystems vertreten die insgesamt schwachen und zersplitterten Rechtsparteien wie NPD, DVU und zwischenzeitlich Die Republikaner.

Nach dem langfristigen Stimmenanteil ist die Union aus CDU und ihrer bayrischen Schwesterorganisation CSU die größte Parteienformation in der Bundesrepublik. CDU und CSU sind christlich-demokratische pragmatische Volksparteien auf klassen- und konfessionsübergreifender Grundlage. Frontstellung gegen Kollektivismus, Antiklerikalismus und gesteigerten Individualismus prägt ihre Programmatik. Beide befürworten eine von christlichen Werten und Normen geformte Gesellschaftsordnung, doch sind sie nicht fundamentalistisch und teilen nicht das religiöse Sendungsbewusstsein der US-Republikaner in der Präsidentschaft von George W. Bush. CDU und CSU sind auch Parteien der Sozialen Marktwirtschaft, die insbesondere seit den 1990er Jahren von einer ökologischen Komponente ergänzt wird, aber zugleich sind sie offen für allerlei staatsfreund-

liche, marktkorrigierende Wandlungen. In gesellschaftspoli-
tischen Fragen propagieren die Unionsparteien in der Regel
Pflicht- und Akzeptanzwerte viel stärker als Selbstentfaltungs-
werte. Auch deshalb neigen sie in ordnungs- und sicherheitspo-
litischen Fragen zu konservativeren Positionen als die SPD, die
FDP und die Grünen, die von libertären Werten und grünem
Internationalismus zutiefst geprägt sind. In der Sozialpolitik
aber erweisen sich CDU und CSU als standfeste Sozialstaatsparteien mit programmatischer Verankerung in der katholischen
Soziallehre und in weltlichen Lehren von der Fürsorgepflicht
für sozial schwächere Gruppen. Mitunter verhalten sich die
Unionsparteien in der Sozialpolitik, in der sie mit der SPD besonders heftig konkurrieren, wie eine «Ersatz-SPD» (Wolfgang
Streeck). Doch die Grenze ziehen CDU und CSU vor den Gewerkschaften: zu ihnen haben sie ein auf Gegenseitigkeit beru-
hendes distanziertes Verhältnis.

Die Wählerschaft der Unionsparteien ist heterogener als die
ihrer Konkurrenten. Landwirte, Selbstständige und Unternehmer gehören ebenso zu ihren Anhängern wie religiös gebundene
Wähler katholischer und protestantischer Konfession. Auch
viele Beamte, Angestellte und Arbeiter, insbesondere gewerkschaftlich nicht organisierte Arbeiter, sowie ein erheblicher Teil
der älteren Bevölkerung neigen zur CDU und CSU. Organisatorisch wandelten sich die Unionsparteien. Was zuvor Honoratio-
renpartei oder «Kanzlerwahlverein» war, wie die CDU in der
Ära Adenauer, formte sich in den Jahren der Opposition von
1969 bis 1982 zu einer modernen Partei mit leistungsfähi-
gem, hauptamtlichen Apparat und einer politisch-ideologischen
Spannweite zwischen einem nationalistisch-rechten Flügel bis
zu einem in der katholischen Soziallehre verankerten Arbeit-
nehmerflügel. Noch stärker als die CDU profilierte sich die CSU
als eine der «Allerweltspartei» nahe kommende Gruppierung,
die nicht nur die Interessen der Wirtschaft, des Mittelstandes
und der Landwirte zu vertreten beansprucht, sondern auch die
Anliegen der «kleinen Leute». Nur die CSU brachte das Kunst-
stück fertig, in Landtags- und Bundestagswahlen meist über 50
und 1974 und 2003 bei der Landtagswahl in Bayern und 1976

bei der Bundestagswahl sogar mehr als 60 Prozent der Wählerstimmen zu gewinnen.

Die SPD ist die älteste politische Partei Deutschlands. Ur-
sprünglich war sie eine sozialistische Weltanschauungspartei,
die sich der «Befreiung nicht nur des Proletariats, sondern des
gesamten Menschengeschlechts» verschrieben hatte, so ihr Erfurter Programm von 1891. Den Gedanken der Befreiung aller
Mühseligen und Beladenen hat die SPD nie ganz aufgegeben –
ebenso wenig wie das Bestreben, den «Abgrund zwischen Besit-
zenden und Besitzlosen» zu schließen, so nochmals das Erfurter
Programm. Doch definierte die SPD beide Ziele, vor allem seit
den 1950er Jahren, nicht länger revolutionslüstern, sondern
hauptsächlich in den Begriffen einer sozialreformerischen, demokratischen Mitte-links-Volkspartei, die ihre Seele in einem
ausgebauten Sozialstaat hat, der tief in die Arbeits- und Lebens-
welt hineinregiert. Wie kaum eine andere Partei in Deutschland
verschreibt sich die SPD dabei dem Streben nach «sozialer Gerechtigkeit». Diese buchstabiert sie als Chancen- und mehr
noch als Ergebnisgerechtigkeit und wertet den Staat als den
hierfür Hauptverantwortlichen. Ihre politischen Gegner haben
die SPD auch aus diesem Grund als «Partei der Gängelei» gewertet. Dass die SPD vielfach nicht der Urheber der von ihr erstrebten Sozialreformen wurde, aber als ihr «Katalysator» fungierte, gehört zur Ironie ihres Schicksals. Dass sie mitunter als
«Betriebsrat der Nation» gewertet wird, spiegelt ihre Präsenz
im gewerkschaftlichen Milieu ebenso wider wie ihr immerwäh-
rendes Streben nach «sozialverträglichen» Marktkorrekturen.
Und dass Ralf Dahrendorf in der SPD den «Lehrersozialismus»
am Werke sah, reflektiert die Distanz der Sozialdemokratie zum
Markt, ihre Nähe zum Staat und ihre Verankerung im Öffentlichen Dienst, auch in der Lehrerschaft. Allerdings oszilliert die
Regierungspraxis der SPD, und zwar je nach Wettbewerbslage
im Parteiensystem sowie politisch-institutionellen und sozio-
ökonomischen Bedingungen. Deshalb schwankt die SPD-Regie-
rungspolitik zwischen a) einem traditionalistischen Kurs mit betont pro-sozialstaatlicher und gewerkschaftsfreundlicher Politik und Streben nach Einebnung gesellschaftlicher Ungleichheit

(wie in der Ära Brandt und der ersten rot-grünen Regierung Schröder), b) gedämpfter Kurskorrektur der vom parteipolitischen Gegner vermachten Politik und c) einer Modernisierungspolitik, die den «aktivierenden Staat» hervorkehrt und dabei nach Gewährung von Sozialrechten *und* nach Einforderung von Sozialpflichten strebt, beispielsweise die Sozialpolitikreformen der zweiten rot-grünen Regierung Schröder.

Wie alle Sozialstaatsparteien gerät auch die SPD in die Gefahr, anstelle der erhofften Einheit von Wirtschafts- und Sozialpolitik sich in schwere Zielkonflikte zwischen ehrgeiziger Sozialpolitik und leistungsfähiger Wirtschaft zu verstricken und am Ende die wirtschaftliche Rationalität hintanzustellen. Noch mehr gilt dies für die Linkspartei, den «Linksaußen» im Parteiensystem des vereinigten Deutschlands. In ihrer Programmatik hat das Soziale den Primat. Hiermit führt die Linkspartei das Übermaß an Wohlfahrtsstaatlichkeit und die Wirtschaftsfremdheit fort, die schon die SED geprägt hatten, die ehemalige Staatspartei der DDR, aus der die PDS (der Hauptteil der heutigen Linkspartei) 1989/1990 hervorgegangen ist. Im Unterschied zur CDU/ CSU und zur SPD hat die linkssozialistische Partei bislang aber nur in den ostdeutschen Bundesländern zweistellige Wählerstimmenanteile gewonnen.

Hauptsächlich im Westen Deutschlands verankert ist hingegen die Partei Bündnis 90/Die Grünen. Die Grünen sind ein Produkt des Wertewandels vom Materialismus zum Postmaterialismus und ein Ergebnis verschiedener sozialer Bewegungen der 1970er und 1980er Jahre, insbesondere der Ökologie-, der Antiatomkraft- und der Friedensbewegung. In der Wählerschaft der Grünen finden sich vor allem linksorientierte postmaterialistische Wähler mit relativ hohem Ausbildungsstand. Wie die meisten grünen Parteien in Westeuropa sind auch die deutschen Grünen eine Partei, die programmatisch, meist mit einem gerüttelt Maß an Sendungsbewusstsein, hauptsächlich für Ökologie, Bürgerrechte, libertären Internationalismus und einen elastischen Pazifismus wirbt, der mittlerweile militärische Eingriffe zulässt, sofern sich diese als «humanitäre Intervention» begründen lassen. Hierin äußert sich eine bemerkenswerte Flexibilität einer zuvor zur fundamentalistischen Politik neigenden Partei. Diese Flexibilität gründet darauf, dass die Machtteilhabe an den Regierungen Schröder die Grünen genauso «machtversessen» und «machtvergessen» wie ihre Konkurrenten gemacht hat, und auf der Gewissheit, dass politische Gestaltung in «grüner Richtung» Kompromisse mit dem ungleich größeren Koalitionspartner verlangt.

Seit ihrem Aufkommen haben die Grünen der FDP, der traditionellen Partei des Liberalismus, Konkurrenz gemacht und Stimmen abgezogen. Das war für die FDP besonders schmerzhaft, denn ihre Stammwählerschaft ist so klein, dass fast in jeder Wahl die Fünf-Prozent-Hürde als Damoklesschwert über ihr schwebt. Die FDP hat erstmals die historische Spaltung des deutschen Liberalismus in Links- und Nationalliberalismus organisatorisch überwunden. Im Drei-Parteiensystem der 1960er und 1970er Jahre verkörperte die FDP am ehesten noch die wählbare Alternative für die Wähler, denen die CDU/CSU zu wertkonservativ und die SPD zu gewerkschaftsfreundlich und egalisierungssüchtig war. Bis in die 1990er Jahre fungierte die FDP meist als «Zünglein an der Waage»: von ihrer Koalitionspartnerwahl hing ab, ob die CDU/CSU oder die SPD im Bund regierte. Abgesehen von den Jahren zwischen 1969 und 1982, in denen die FDP mit der SPD koalierte, fiel ihre Wahl des Regierungspartners auf die Unionsparteien, denen die FDP in den für sie zentralen wirtschaftspolitischen Fragen weitaus näher steht als der SPD. Doch der Wechsel der FDP 1982 von der SPD zur Koalition mit der CDU/CSU ließ ihr sozialliberales Profil verblassen und gab ein Marktsegment preis, das andere Parteien zu nutzen wussten.

2. Parteiensystem

Das Parteiensystem der Bundesrepublik Deutschland liegt mit seinen zwei großen Parteien – CDU/CSU und SPD – und den drei kleineren Gruppierungen – Bündnis 90/Die Grünen, FDP und Linkspartei – in der Mitte zwischen einem Viel- und einem Zweiparteiensystem. Allerdings ist das Parteiensystem im vereinigten Deutschland stärker fragmentiert als das der 1960er und 1970er Jahre. Damals gaben nur die Unionsparteien, die SPD und die FDP den Ton in der Bundespolitik an, heute spielen auch die Grünen und die Linkspartei mit.

Die politisch-ideologischen Unterschiede zwischen den Parteien sind beträchtlich, doch schließen sie Koalitionen nicht aus – im Unterschied zum Zeitalter der Weltanschauungsparteien auf Klassenbasis oder religiöser Grundlage. Koalitionen sind notwendig, weil nur selten eine Partei bei einer Wahl mehr als die Hälfte der Mandate gewinnt. Von der relativ breiten Koalitionsfähigkeit zeugen beispielsweise die Regierungsbündnisse zwischen CDU/CSU und FDP (wie 1982–1998), CDU/CSU und SPD (wie 1966–1969 und derzeit im Bund, in Brandenburg, Mecklenburg-Vorpommern und Sachsen), SPD und FDP (wie in der sozial-liberalen Koalition 1969–1982 und derzeit in Rheinland-Pfalz), SPD und Grüne (wie von 1998 bis 2005 auf Bundesebene) und SPD und Linkspartei (wie derzeit in Berlin und von 1998 bis 2006 in Mecklenburg-Vorpommern). Im vereinten Deutschland sind die Koalitionsbildungschancen zugunsten der SPD verteilt. In den 1950er und 1960er Jahren hatten hingegen die Unionsparteien die besseren Karten – als potentielle Koalitionspartner standen für sie die FDP, andere kleine Parteien und später die SPD bereit. Im vereinigten Deutschland hat die SPD im Prinzip günstigere Koalitionschancen: sie kann mit den Grünen, der FDP, der CDU/CSU und mit der Linkspartei koalieren, während die Unionsparteien nur auf die FDP und unter Umständen auf die SPD zählen können.

Deutschlands Parteienlandschaft ist überschaubar. Aber sie ist nicht erstarrt. Das zeigen das Verschwinden alter Parteien (beispielsweise der Deutschen Partei), der Aufstieg neuer Gruppierungen (wie der Grünen) und wechselnde Kräfteverhältnisse zwischen den großen Parteien. Regierungswechsel kommen hinzu. In der Bundespolitik waren es bis zur Mitte der 16. Wahlperiode fünf an der Zahl: die Bildung der Großen Koalition aus CDU/CSU und SPD 1966, drei Jahre später die Formierung einer SPD-FDP-Koalition, 1982 der Wechsel zu einer CDU/CSU-FDP-Regierung, 1998 der Machtwechsel zu Rot-Grün und 2005 die Bildung der zweiten Großen Koalition. Deutschlands Parteiensystem ist demnach ein alternierendes Mehrparteiensystem mit Koalitionszwang.

Dieses Parteiensystem hat, wie im zweiten Kapitel gezeigt, eine vielschichtige gesellschaftliche Basis. In ihr haben immer noch rund zwei Drittel der Wähler eine hohe oder mittlere Parteiidentifikation. Allerdings ist der Wählerstimmenmarkt beweglicher geworden. Der Anteil der an Milieus und Parteien nicht oder schwach gebundenen Wähler wächst. Viel geringer als die «psychologische Parteimitgliedschaft» der Parteiidentifikation ist die Mitgliederbasis der Parteien. Nach der Parteimitgliedschaft ist Deutschland fast ein «Ohne mich-Land»: Nur drei von hundert Wählern sind Mitglied einer politischen Partei. Das ist im internationalen Vergleich wenig: In den 20 europäischen Demokratien betrug der Parteimitgliederanteil an den Wählern in den 1990er Jahren durchschnittlich 5 Prozent. Mehr noch: Der Anteil der deutschen Wähler, der sich von den Parteien nicht vertreten sieht, nimmt zu. Hier zeichnen sich Schwächen in den intermediären Organisationen ab: Dies und die mittlerweile rückläufige Wahlbeteiligung sind Warnsignale, zumal sie gehäuft bei jüngeren Wählern auftreten.

Deutschlands Parteiensystem kann ohne seine Konfliktlinien nicht verstanden werden. Konfliktlinien sind im Wählerverhalten zutage tretende dauerhafte Koalitionen zwischen konfligierenden gesellschaftlichen Gruppierungen und politischen Parteien. Drei Konfliktlinien prägen das Parteiensystem im vereinigten Deutschland: die religiöse Konfliktlinie (sie trennt die laizistischen von den religiös orientierten Wählern, die ihre Heimat hauptsächlich bei der CDU/CSU finden), die ökonomisch-klassenpolitische (sie trennt die SPD-orientierte gewerkschaftlich organisierte Arbeiterschaft von den zu den bürgerlichen Parteien neigenden Selbstständigen) und die regionale (sie trennt einen Teil der Wähler der neuen Bundesländer von den Wählern der alten Länder und äußert sich insbesondere in der Wahl der PDS bzw. der Linkspartei).

Deutschlands Parteiensystem versteht der besser, der weiß, welche Parteien hierzulande nicht oder nur schwach vertreten sind. Hierzulande existiert keine säkular-konservative marktwirtschaftsorientierte Partei nach Art der britischen *Conservative Party*. Und schwach sind die Parteien des rechten Randes, viel schwächer als in Frankreich oder Italien – von Ausnahmen in Landtagswahlen abgesehen. Bis 1990 gab es auch keine nennenswerte linkssozialistische oder kommunistische Partei. Deshalb lag das politisch-ideologische Gravitationszentrum in Deutschlands Parteiensystem bis zur deutschen Einheit im Zentrum. Der Aufstieg der Grünen und das Hinzukommen der PDS bzw. der Linkspartei haben allerdings seit 1990 eine Linksverschiebung des Schwerpunktes bewirkt, dessen auffälligster Ausdruck die 1998 erstmals erfolgende und 2002 erneuerte Bildung einer rot-grünen Bundesregierung war.

3. Ein Verbändestaat?

Eine mittlere Position kennzeichnete nicht nur das Parteiensystem bis 1990, sondern auch Deutschlands Verbändelandschaft – relativ zur gängigen Unterscheidung dreier Staat-Verbände-Konstellationen. Die erste ist das «*pressure group*»-Muster. In ihm ist der Staat Objekt und die Interessenverbände sind das Subjekt, das mit «Druckpolitik» («*pressure*») für ihre Anliegen kämpft. Davon unterscheidet sich der Neo-Korporatismus, das freiwillige Miteinander von Staat und gegnerischen Verbänden (wie Unternehmerverbänden und Gewerkschaften) bei der Formulierung und mitunter beim Vollzug von Politiken wie im Falle von Einkommenspolitik, beschäftigungspolitischer Bündnisse oder der Verwaltung der Arbeitsmarktpolitik. Die vom Staat gesteuerte Interessenvermittlung ist der dritte Typus. Hier ist der Staat nicht das Objekt, sondern das steuernde Subjekt, das einen Verband gründet oder ihn fördert, und zwar mit dem Ziel, staatliche Steuerungsabsichten wirksamer durchzusetzen oder um den Staat zu entlasten, beispielsweise durch Delegation öffentlicher Aufgaben an Verbände.

Alle drei Staat-Verbände-Muster existieren in Deutschland. Ein Paradebeispiel der *pressure group*-Politik war lange der Deutsche Bauernverband (DBV), der insbesondere in den 1950er und 1960er Jahren im damaligen Bundeslandwirtschaftsministerium ein «Verbandsherzogtum» besaß, das nicht selten die Präferenzen des DBV in Gesetzesentwürfe festschrieb. Deutschland kennt auch korporatistische Staat-Verbände-Beziehungen. Doch zeigt der internationale Vergleich, dass der Korporatismus hierzulande erstens schwächer als in Österreich, Nordeuropa und den Niederlanden und zweitens meist sektoral begrenzt ist. Die Konzertierte Aktion im Gesundheitswesen ist ein Beispiel. Sektorübergreifende Koordination blieb die Ausnahme. Davon zeugt auch der Misserfolg des «Bündnisses für Arbeit», das die Schröder-Regierung in Gang setzen wollte, und das nicht zuletzt an der Unnachgiebigkeit der Gewerkschaften und an schweren Steuerungsfehlern der Bundesregierung scheiterte.

Zu den Einflussmitteln der Verbände gehören in allen drei Staat-Verbände-Konstellationen Informationsübermittlung, Begutachtung, Mitberatung von Gesetzesentwürfen, gezielte Einwirkung auf politische Parteien und deren Parlamentsfraktionen sowie auf Ministerialabteilungen oder auf einzelne Abgeordnete oder Beamte, ferner die öffentliche Werbung für den Verbandszweck, gegebenenfalls auch die Mobilisierung der Verbandsmitglieder, z. B. für Demonstrationen, und teils illegitime, teils illegale Methoden wie Vorteilsgewährung und Bestechung. Dass die größeren Interessenverbände mittlerweile nicht nur Büros am Sitz von Regierung und Parlament im Bund und in den Ländern haben, sondern auch in der Europäischen Union, ist der Vollständigkeit halber zu erwähnen.

Im Unterschied zu autokratischen Regimen sind die Verbände in den verfassungsstaatlichen Demokratien de facto und de jure anerkannt. Auch in Deutschland haben die Verbände das Recht, an der Beratung von Gesetzesvorhaben mitzuwirken, sofern sie im Verbänderegister des Bundestages stehen. Die Mitwirkung kann sich auf *Hearings* erstrecken, auf Stellungnahmen zu Gesetzesvorhaben, Mitarbeit in Kommissionen und Beiräten von Ministerien und in Wirtschafts- und Sozialräten sowie auf Beteiligung an der Politikformulierung und am Politikvollzug wie in der Sozialpolitik und im Berufsbildungswesen.

Die politische Schlagkraft der Verbände variiert. Ihre Stärke hängt insbesondere ab von der Zahl der vertretenen Bürger, der

Konfliktfähigkeit des Verbands (also der Fähigkeit, systemnot-
wendige Leistungen glaubhaft verweigern zu können), seiner
Markt- und Organisationsmacht und von seiner Staatsmacht,
die sich vor allem danach bemisst, wie viele Wählerstimmen ein
Verband in die Waagschale werfen kann.

All diese Größen sind je nach Verband, Politikfeld und Periode unterschiedlich. Mit diesen und anderen Einschränkungen
kann man Lewis Edingers Lehre von den «*Big Four*», den vier
besonders wichtigen deutschen Interessenverbänden, nachvoll-
ziehen. Zu den «*Big Four*» zählte Edinger erstens die wichtigsten Organisationen der Unternehmer und Arbeitgeber, insbesondere die Bundesvereinigung der Deutschen Arbeitgeberver-
bände (BDA), den Bundesverband der Deutschen Industrie
(BDI) und den Deutschen Industrie- und Handelstag, zweitens
die Gewerkschaften, drittens die Kirchen und viertens die Interessenverbände der Landwirte.

Tatsächlich sind die «*Big Four*» nach wie vor wichtige Verbände. Aber neben ihnen gibt es in Deutschland, traditionell ein
Land mit besonders hoher Vereins- und Verbändedichte, viele
andere Interessengruppierungen, die den Einfluss der größeren
Verbände zurückdrängen können. Ohnehin ist das Interessen-
gruppensystem hierzulande vielgliedriger, unterschiedlicher und
spezialisierter als zum Zeitpunkt von Edingers Beobachtungen.
Ferner gewannen andere Interessenverbände an Gewicht hinzu,
beispielsweise die Verbände im Gesundheitswesen, die Sozial-
verbände und die Umweltschutzverbände. Auch blieben nicht
alle der «*Big Four*» so einflussreich wie in den ersten drei Jahr-
zehnten der Bundesrepublik, die Edinger im Blick hatte. Der
Einfluss beispielsweise der Kirchen schrumpfte mit zunehmender Säkularisierung. Davon künden beispielsweise die abneh-
mende Kirchenmitgliedschaft und der rückläufige Kirchen-
besuch – nur bei Bestattungen legt der Bürger nach wie vor
größten Wert auf kirchlichen Beistand. Mit der deutschen Einheit nahm der Einfluss der Kirchen weiter ab, denn die aggressi-
ve Entkirchlichungspolitik der Deutschen Demokratischen Republik hinterließ in den neuen Bundesländern auch nach 1990
tiefe Spuren. Beträchtlich geschrumpft ist der Einfluss der

«Grünen Front», so die ältere Bezeichnung für die Interessen-
vertretung der Landwirte. Spätestens seit Januar 2001, als das
ehemalige Landwirtschaftsministerium zum Bundesministerium für Verbraucherschutz, Ernährung und Landwirtschaft
umgeformt und bis Anfang Oktober 2005 Renate Künast, einer
Ministerin aus den Reihen der Grünen, unterstellt wurde, ist
dieses Ministerium nicht länger das «Ausführungsorgan der
deutschen Bauernverbandszentrale».[12] Überdies hinterließ die
Erweiterung und Vertiefung der Europäischen Staatengemeinschaft tiefe Spuren in der Verbändelandschaft in allen EU-Mitgliedstaaten. Zum Teil wertete die Europäische Union schwache
Interessenorganisationen auf, beispielsweise Konsumenten- und
Umweltschutzinteressen. Andererseits ist die EU mitunter der
Exerzierplatz für exzessiven Lobbyismus. Bezeichnenderweise
entspricht mittlerweile die Zahl der Lobbyisten in der EU der
Zahl der EU-Politiker und EU-Beamten.

Haben die Verbände einen «Verbändestaat» geschaffen?
Manches spricht für die «Verbändestaat»-These, beispielsweise
die «Verbandsherzogtümer» und die besonders privilegierten
Zugänge für Wirtschaftsverbände bei wirtschaftsfreundlichen
Regierungen oder für Gewerkschaften bei gewerkschaftsfreund-
lichen Regierungen. Auch die Kooperationsnetzwerke von Interessengruppen und staatlichen Stellen nähren den Verdacht, den
die Anhänger der Verbändestaatsthese hegen. Haben nicht Fachleute im Recht der Interessenverbände auf Anhörung zu den
Gesetzesvorhaben eines Ministeriums die «Magna Charta des
Verbandseinflusses» gesehen?[13] Ferner werten viele Beobachter
die Mitwirkung von Verbänden in Kommissionen mit vorbera-
tender und vorentscheidender Funktion als schädlich für den
Parlamentarismus. Auch die neokorporatistischen Strukturen
und die Delegation öffentlicher Aufgaben an Verbände gelten
den Verbändestaats-Theoretikern als Belege.

Allerdings sprechen gewichtige Argumente gegen die These
von der Verbändeherrschaft. Erstens unterscheiden sich die Verbände nach Wählerstimmenmacht, Verbandsmacht und Markt-
macht: zu ihnen gehören mächtige und ohnmächtige Interessengruppen. Zweitens halten etliche Verbände sich wechselseitig

in Schach. Drittens sind Interessenverbände nur eine Gruppe von Akteuren unter vielen anderen Handelnden in der Politik. Viertens variieren die Einflusschancen eines Verbandes je nach Staatsorganisation, politischer Zusammensetzung der Regierung und politischer Großwetterlage. Fünftens reicht die Verbändeherrschaft nicht zum sektorübergreifenden Regieren. Sechstens schrumpft die soziale Basis mancher vormals besonders einflussreicher Verbände, z. B. die der Gewerkschaften. Und siebtens ist der politische Prozess in den modernen Demokratien viel zu komplex, als dass er nur von einer Gruppe oder von einer Institution aus gelenkt werden könnte.

4. Massenmedien als vierte Gewalt?

In einer Gesellschaft, in der Information ein besonders wichtiger Produktionsfaktor ist und in der die politische Kommunikation zwischen Bürgern und Staat zu einem wesentlichen Teil durch Massenmedien erfolgt, werden die Medien zu einer vierten Gewalt – neben der Exekutive, der Legislative und der Judikative. So lautet eine weit verbreitete These. Tatsächlich hat die massenmediale Kommunikation heutzutage größere Bedeutung für die Politik als je zuvor. Sie wirkt auf die einzelnen Bürger ein und zudem auf den Prozess der politischen Willensbildung, die Kompromisssuche und die Konfliktaustragung. Die Massenmedien beeinflussen überdies nicht nur die Substanz von Politik, sondern auch die Art und Weise, wie Politik gemacht und dargestellt wird.

Allerdings sind Stärke, Richtung und langfristiges Ergebnis der Massenmedien umstritten. Weit verbreitet ist die Lehre von den «starken Medien» und den «schwachen Massen».[14] In der Wissenschaft ist man diesbezüglich skeptischer. Denn manches spricht für, manches aber auch gegen die «starken Medien» und die «schwachen Massen». Beispielsweise übersehen die Kritiker der «starken Medien» mitunter gegenläufige Wirkungen eines Teils der Massenmedien, wie ein hochwertiges Informationsangebot für politisch Interessierte in der überregionalen Qualitätspresse und – meist zu später Stunde – in den Fernsehprogrammen des öffentlich-rechtlichen Rundfunks.

Wer prüfen will, wie weit die Lehre von den «starken Medien» und den «schwachen Massen» reicht, muss zunächst die unterschiedlichen Wirkungsfelder und Wirkungsweisen der Massenmedien im Blick haben. Zu unterscheiden sind ihre Wirkungen auf die Bürger, auf die politischen Organisationen und auf das politische System insgesamt, einschließlich der politischen Vorgänge, und die Politikformulierung. Politisch allgegenwärtige Massenmedien wie heutzutage in Deutschland wirken tatsächlich massiv auf die Bürger. Eine Wirkungskette läuft über das *Agenda-Setting*: Die Massenmedien beeinflussen durch die relative Wichtigkeit, die sie bestimmten Themen beimessen, die politische Tagesordnung der Bürger. Mehr noch: die Medien bieten Bewertungen der Themen an. Überdies stellen die Medien «*Frames*» bereit, sozusagen die Rahmungen oder Blickwinkel, von denen aus beobachtet und bewertet wird. Bei der Berichterstattung über den Parteienwettbewerb interessiert beispielsweise oftmals nur die Frage, wer in einem Streit gewinnt oder verliert, während der Gegenstand des Streits hintangestellt wird.

Das ist die eine Seite der Medaille. Die andere Seite ist die: Uneinig ist sich die Forschung über die Medienwirkung darin, wie groß der Einfluss der Massenmedien auf die Bürger ist und unter welchen Bedingungen er politisch wirklich wirksam wird, beispielsweise bei Wahlentscheidungen. Die vorliegenden Befunde der Forschung weisen starke Wechselwirkungen zwischen Massenmedien und Empfänger nach, obendrein auch hochgradige Selektion der Kommunikation seitens der Empfänger. Überdies ist eine komplexe Interdependenz zwischen Sender und Empfänger zu berücksichtigen – bis hin zur wechselseitigen Vorwegnahme des Tun und Lassens der anderen Seite.

Ähnlich zweiwertig sind die Wirkungen der Massenmedien auf politische Organisationen. Medienbezogene Qualifikationen von Kandidaten können wahlentscheidend sein. Die These der Amerikanisierung des Wahlkampfes hebt just auf Bestrebungen ab, durch Personalisierung und Emotionalisierung im Wahlkampf entscheidende Vorteile zu ergattern. Jedoch bestehen auch hier starke Wechselwirkungen, beispielsweise der Effekt der Medien auf die Parteien sowie deren aktive Informationspolitik, die die Themen und die zeitliche Platzierung der Berichterstattung der Medien beeinflusst. Inszenierung und Skandalisierung politischer Ereignisse sind weitere Beispiele für tätige Mitwirkung der angeblich nur passiven Rezipienten auf die Produzenten massenmedialer Informationen.

Zudem sind Wechselwirkungen zwischen Massenmedien und dem politischen System zu berücksichtigen. Einer Sichtweise zufolge wird das politische System hierzulande von den Medien dominiert. Hier lautet die Diagnose: «Mediokratie».[15] Auch können, so eine mildere Variante der Kritik, staatliche Institutionen und politische Parteien an Bedeutung zugunsten der Massenmedien verlieren. Andererseits ist das enge Regelungskorsett zu bedenken, das die Politik den Massenmedien auferlegt, beispielsweise durch steuerliche Anreize, Gebote oder Verbote oder Festlegung der Arbeitsteilung zwischen öffentlich rechtlichem und privatem Rundfunk und Fernsehen.

In der Summe ergibt sich ein vielschichtiges Bild. Manches stützt die Auffassung, dass die Massenmedien als vierte Gewalt mitherrschen oder schon einer Übergewalt gleich regieren. Das wäre vor allem dann der Fall, wenn die Medien wirklich die Tagesordnung der Politik definierten, wenn sie zugleich die Problemwahrnehmung und die Kalküle der Bürger weitgehend bestimmten und wenn sie die wichtigsten politisch Handelnden zur Inszenierung von Politik und zu Theatralität anstifteten – im ungünstigsten Fall zu Lasten von Wahrheit und Wahrhaftigkeit.

Unbestritten haben die Massenmedien *Framing-* und *Priming*-Funktionen: sie liefern Rahmen für die Deutung von Sachverhalten und konstruieren dies als wichtig und jenes als unwichtig. Allerdings ist auch zu bedenken, dass die Medien wichtige Informationen liefern und aufklären können. Massenmedien geben den Bürgern die Informationen zur Hand, mit denen diese ihre Vertreter oder die Kandidaten für öffentliche Ämter besser bewerten können als ohne sie. Auch können die Massenmedien dazu beitragen, das Tun und Lassen von Staatsgewalten zu überprüfen und Missbrauch von Macht anzuzeigen. Dass die Massenmedien vielfach vereinfachen, personalisieren, emotionalisieren, schwarz-weiß malen, stereotypisieren und nur darstellen, was Neuigkeitswert hat, ist unbestritten. Doch die Art und Weise ihrer Wirkung hängt nicht nur von ihnen ab, sondern auch von den Einstellungen und Werten der Rezipienten, von deren Aufgeschlossenheit oder Geschlossenheit, von deren *Frames*, von deren Aufmerksamkeitsregeln, sowie von der Glaubwürdigkeit der Kommunikatoren.

Ferner sind Massenmedien nicht gleich Massenmedien. Das Qualitätsgefälle zwischen ihnen ist groß. Beispielsweise kann sich Deutschland einer breit und tief gestaffelten bundesweiten Qualitätspresse rühmen – bei den täglichen und den wöchentlichen Printmedien. Wollen Sie, geneigte Leserin oder Leser, beispielsweise auf die *Frankfurter Allgemeine*, das *Handelsblatt*, die *Süddeutsche Zeitung* und *Die Welt* oder *Die Zeit* verzichten, oder Sie, geneigte Zuschauer, auf *Arte* oder *3sat*? Obendrein haben viele deutsche Regionalzeitungen ein hohes Niveau bei der politischen Berichterstattung und Kommentierung. Und vor allem das öffentlich-rechtliche Fernsehen bietet neben allfälligen Angeboten zur Kundenverblödung meist zu späterer Stunde vorzügliche Nachrichtensendungen und Hintergrundanalysen und manchmal vorzeigbare Talkshows.

Unbestritten sind Massenmedien mittlerweile besonders wichtige Mitwirkende in der Politik – als Kommunikationskanäle, als Türsteher für den Informationsfluss, als Tagesordnungssetzer und als Bewertungshelfer. Und unbestritten haben die Massenmedien das Informationsangebot zur Politik enorm vergrößert, ja bis zur Informationsüberlastung gesteigert. Zudem stellen die Massenmedien höhere Anforderungen an die Informationsverarbeitungskapazität der Politik, an die Fähigkeit zum «Regieren durch Diskussion»[16] und an die Gabe zur «Darstellung von Politik». Die Demokratie im Sinne von *«government of the people, by the people, and for the people»*, also im Sinne einer Regierungsweise, das aus dem Stimmvolk hervorgeht und vom Volk oder seinen gewählten Vertretern ausgeübt wird, und zwar zum Nutzen des Stimmvolkes, wird dadurch noch lebendiger. Allerdings verkürzt die «Vierte Gewalt» der Medien den ohnehin schon kurzatmigen Zeittakt der Demokratie noch weiter.

IV. Der Deutsche Bundestag

1. Parlamentarisches Regierungssystem und Parteienwettbewerb

Alle vier Jahre werden die Wähler zur Wahl des Deutschen Bundestages gerufen. Der Bundestag ist die Volksvertretung, der Gesetzgeber und das Verfassungsorgan, das den Bundeskanzler wählt. Der Bundestag ist ein vollwertiges Parlament, das nicht länger durch eine monarchische Exekutive in Schach gehalten wird, wie der Reichstag im Deutschen Reich von 1871 bis 1918, oder das durch den «Führerstaat» zum Akklamationsorgan degradiert wird, wie der Reichstag von 1933 bis 1945. Dem Tun und Lassen des Bundestages drücken allerdings ein parlamentarisches Regierungssystem und der Parteienwettbewerb ihre Stempel auf – sowie zahlreiche Mitregenten und Vetospieler. Im parlamentarischen Regierungssystem kann die Regierung vom Parlament bzw. von der Parlamentsmehrheit abberufen werden – im Unterschied zum Präsidentialismus, der die Abberufbarkeit der Regierung zwischen den Wahlen nicht kennt. Und im Unterschied zur älteren Gewaltenteilungslehre, die die Trennung von Exekutive und Legislative vorsah, verläuft die Front im parlamentarischen Regierungssystem nicht länger zwischen Parlament und Exekutive, sondern zwischen der Regierung und der sie stützenden Parlamentsmehrheit einerseits und der parlamentarischen Opposition andererseits. Und weil Regierung und Opposition in den modernen Demokratien von Parteien gestellt werden, die im Kampf um die Machtverteilung konkurrieren, prägt der Parteienwettbewerb das parlamentarische Regierungssystem.

Aus diesem Grunde überragt die parteipolitische Zusammensetzung alle anderen Bestimmungsfaktoren des Bundestages. Ihr zufolge geben zwei große Parteien den Ton im Bundestag an. Die Unionsparteien – CDU und CSU – erhielten im Durchschnitt aller Bundestagswahlen von 1949 bis 2005 die meisten

Mandate und den größten Sitzanteil (43,2 Prozent) mit deutlichem Vorsprung vor der SPD (37,4 Prozent), der zweitgrößten Partei im Parlament. Von den kleineren Parteien gehörte nur die FDP dem Bundestag von der ersten bis zur 16. Wahlperiode an (8,9 Prozent). Alle anderen Parteien waren im Parlament nur zeitweise vertreten, unter ihnen die Grünen seit 1983.

Bei fast allen Bundestagswahlen – außer 1957 – sorgten die Wähler dafür, dass keine der großen Parteien die Mehrheit der Parlamentssitze errang. Vielmehr waren zur Erlangung der Kanzlermehrheit bislang in der Regel Koalitionen erforderlich.

Überdies erlaubte die Mandateverteilung im Bundestag auch Regierungswechsel während der Legislaturperiode: 1966 trat an die Stelle einer CDU/CSU-geführten Regierung die Große Koalition aus Unionsparteien und SPD, und 1982 brachte das konstruktive Misstrauensvotum gegen den Kanzler Helmut Schmidt (SPD) die Koalition aus CDU/CSU und FDP unter Führung von Helmut Kohl an die Macht. Die drei anderen großen Regierungswechsel bis Oktober 2008 kamen direkt durch Bundestagswahlen zustande: 1969 löste die SPD/FDP-Koalition die Große Koalition ab, 1998 und 2002 bildeten die SPD und Bündnis 90/Die Grünen die rot-grüne Regierung Schröder, und 2005 gingen die CDU/CSU und die SPD erneut eine Große Koalition ein.

2. Zwischen Mehrheitsdemokratie und Großer Koalition – Abstimmungsprozeduren im Bundestag

Unter den Abstimmungsprozeduren im Bundestag ragen die Kanzlermehrheit und die Zweidrittelmehrheit hervor. Zweidrittelmehrheit im Bundestag und im Bundesrat ist für Verfassungsänderungen erforderlich. Zur Wahl des Bundeskanzlers hingegen genügt die Kanzlermehrheit, also die Mehrheit der gesetzlichen Mitglieder des Parlaments, nicht nur die Mehrheit der bei der Abstimmung anwesenden Abgeordneten. Die Kanzlermehrheit gilt auch bei der Vertrauensfrage des Bundeskanzlers und beim konstruktiven Misstrauensvotum. Niedriger liegen die Hürden in der Regel bei der Gesetzgebung. Die zweite Lesung eines Gesetzentwurfes oder die Schlussabstimmung über einen Gesetzantrag erfordert die Mehrheit der abgegebenen Stimmen. Will der Bundestag eine Mehrheit im Bundesrat gegen ein zustimmungspflichtiges Gesetz überstimmen, kann er dies ebenfalls mit der Mehrheit der abgegebenen Stimmen tun. Hat der Bundesrat mit Zweidrittelmehrheit Einspruch gegen ein Gesetz erhoben, erfordert die Überstimmung im Bundestag ebenfalls eine Zweidrittelmehrheit.

Bei den Abstimmungsprozeduren sind, wie insbesondere die Zweidrittelmehrheitsregeln zeigen, Minoritätsrechte bedacht worden. Davon zeugt auch die Regel, der zufolge eine Parlamentsminderheit von mindestens einem Drittel der gesetzlichen Mitglieder des Parlaments beim Bundesverfassungsgericht einen Antrag auf Gesetzesüberprüfung stellen kann.

Politisch delikater als die Mehrheit der Abstimmenden oder die Kanzlermehrheit ist die Zweidrittelmehrheit. Die Mehrheit der Abstimmenden oder die Kanzlermehrheit kann von einer Regierungskoalition aus eigener Kraft erreicht werden. Zur Zweidrittelmehrheit ist mehr erforderlich. Weil bislang keine Partei zwei Drittel der Bundestagssitze errang, setzt die Zweidrittelmehrheit die Kooperation zwischen den Regierungsparteien und zumindest der wichtigsten Oppositionspartei voraus. Und weil eine Verfassungsänderung auch die Zweidrittelmehrheit im Bundesrat erfordert, ist die Kooperation von Regierungsparteien, Oppositionsparteien *und* Bundesrat unabdingbar. Die Zweidrittelmehrheit fügt somit dem politischen Betrieb in Deutschland ein konkordanzdemokratisches – oder «verhandlungsdemokratisches» – Element hinzu. Aber auch bei der Einfachgesetzgebung kommen konkordanzdemokratische Zwänge zustande, insbesondere bei Gesetzen, die der Zustimmung der Mehrheit des Bundesrates bedürfen.

Die Abstimmungsprozeduren im Bundestag setzen einen folgenreichen Mechanismus in Gang. Zwar herrschen im Parteienwettbewerb Mehrheitsregel, Konflikt und Gegnerbekämpfung vor, doch erfordern die meisten wichtigen Gesetzgebungen in Deutschland eine formelle oder informelle große Koalition: eine Koalition aus Bundesregierung und Mehrheit der Bundesratsstimmen (und im Fall der Grundgesetzänderung eine Zwei-drittelmehrheit) sowie im Falle parteipolitisch unterschiedlicher Mehrheiten im Bundestag und im Bundesrat ein formelles oder informelles Bündnis aus Regierungsparteien und größter Oppositionspartei. Insoweit entpuppt sich die Bundesrepublik Deutschland als ein «Staat der Großen Koalition».

Der institutionelle Kern des «Staates der Großen Koalition» ist der Vermittlungsausschuss des Deutschen Bundestages und des Bundesrates. Dieser Ausschuss soll Konflikte lösen, die zwischen der Bundesregierung und den Ländern in der Gesetzgebung bestehen. Der Vermittlungsausschuss besteht seit der Einheit Deutschlands aus 16 Vertretern des Bundestags, die proportional zum Anteil der Parteien an den Bundestagssitzen bestellt werden, und 16 Delegierten des Bundesrates. Faktisch ist der Vermittlungsausschuss eine höchst einflussreiche Instanz der Kompromisssuche und der Entscheidung auf der Basis einer großen Koalition der beteiligten Parteien und der Vertreter der Länderregierungen. Wie genaue Analysen zeigen, ist der Vermittlungsausschuss eine «Erfolgsstory» geworden. Er hat mehr als 90 Prozent der Vermittlungsprozeduren durch Kompromisse geregelt. Vergleichsweise selten ist der Vermittlungsausschuss zur Blockade des Entscheidungsprozesses genutzt worden. Im Falle schwerer Konflikte zwischen dem Bundestag und dem Bundesrat wirkte der Vermittlungsausschuss meist als zuverlässiges Sicherheitsventil.

3. Funktionen des Parlaments

Das Grundgesetz verleiht dem Bundestag eine zentrale Position im politischen Betrieb des Landes. Der Bundestag ist die Vertretung des deutschen Volkes und somit autonomes oberstes Staatsorgan, das keiner Aufsicht unterliegt, an keine Weisung gebunden ist und seine eigenen Angelegenheiten selbst regelt – wobei natürlich Verfassung und Gesetz auch ihn binden. Besondere Parlamentsrechte schützen die Aufgabenwahrnehmung des Bundestages, allen voran die Immunität und Indemnität der Bundestagsabgeordneten, also der besondere Schutz vor Strafverfolgung und die Gewährleistung strafrechtlicher Verantwortungs-

freiheit für Abstimmungsverhalten und Äußerungen der Abgeordneten im Parlament und in Parlamentsausschüssen. Zudem
ist der Bundestag der zentrale Gesetzgeber. Ferner stellt er den
Bundeshaushalt fest. Überdies wählt der Bundestag den Bundeskanzler und soll die Bundesregierung kontrollieren. Auch bei der
Wahl von Mitgliedern anderer oberer Staatsorgane wirkt er mit,
so bei der Wahl des Bundespräsidenten. Außerdem steht ihm das
Recht der Präsidentenanklage vor dem Bundesverfassungsgericht zu, ebenso auch das Recht auf den Antrag beim Bundesverfassungsgericht, eine Partei als verfassungswidrig einzustufen. Nicht zuletzt ist der Bundestag das zentrale Organ zur Fest-
stellung des Spannungs- und Verteidigungsfalles. Und wenn der
Bundestag am Zusammentreten verhindert ist, stellt er doch
zwei Drittel der Mitglieder des Gemeinsamen Ausschusses, der
im Verteidigungsfall unter bestimmten Umständen viele Befugnisse des Parlaments übernimmt.

Aber nicht nur verfassungsrechtliche Funktionen sind zu er-
wähnen, sondern auch verfassungspolitische Aufgaben. Die
Mitwirkung an der politischen Führung, an der Gestaltung der
Innen- und Außenpolitik kommt dem Bundestag bzw. seiner
Mehrheit zu. Überdies soll er ein Forum der politischen Debatte
im Lande sein.

Inwieweit hat der Deutsche Bundestag seine Aufgaben gemeistert? Welche Bedeutung kommt ihm insgesamt zu? Genaue-
res lässt sich anhand der vier Haupttätigkeiten des Bundestages
sagen: der Wahlfunktion, der Gesetzgebung, der Kontrolle von
Regierung und Verwaltung sowie der Mitwirkung bei der Inte-
ressenäußerung und der Kommunikation.

3.1 Wahlfunktion. Einer der berühmtesten deutschen Sozialwis-
senschaftler, Max Weber, hatte sich noch während des Ersten
Weltkrieges für die volle Parlamentarisierung und Demokratisie-
rung Deutschlands ausgesprochen. Von einem starken Parlament erhoffte sich Weber die Auslesestätte für kompetente cha-
rismatische Führer und die Wahl von verantwortungsbewussten
Regierungen. Heutzutage sieht man die Dinge skeptischer. Nicht
immer bringt der Parlamentarismus kompetente Führer hervor,

und einer der charismatischen Führer, der noch in der Weimarer
Republik aufstieg und vom Reichspräsidenten von Hindenburg
zum Reichskanzler ernannt wurde, hat fürchterliches Unheil gebracht: Adolf Hitler. Die Wahlfunktion des Bundestags allerdings wird weithin positiv gewertet, manche preisen sie sogar in
hohen Tönen. Das ist nachvollziehbar, weil der Bundestag seine
Hausaufgaben, unter ihnen die Wahl einer handlungsfähigen
Regierung, bislang zuverlässig erledigte und dafür nicht sonderlich viel Zeit benötigte. Er brachte in der Regel stabile, auf Mehrheiten gestützte Regierungen zustande und fand zudem aus
instabilen Lagen Auswege, so 1982, als die SPD-Minderheits-
regierung von einer CDU/CSU-FDP-Koalition abgelöst wurde.
Allerdings gab es auch längeren Leerlauf – im Jahre 1972, als erst
eine vorgezogene Neuwahl des Bundestages dem Patt ein Ende
bereitete, das durch die Abwanderung von Abgeordneten der
sozial-liberalen Koalition zur Opposition entstanden war und
durch das fehlgeschlagene konstruktive Misstrauensvotums der
CDU/CSU gegen den amtierenden Kanzler, Willy Brandt (SPD),
nicht aufgelöst worden war.

Die meisten Wahlfunktionen bewältigte der Bundestag in der
Regel effektiv und einigermaßen effizient, zum Beispiel die Mitwirkung bei der Wahl des Bundespräsidenten in der Bundesversammlung. Auch die Kooperation bei der Wahl der Richter
des Bundesverfassungsgerichts zählt zu den mit Ausnahmen er-
folgreich wahrgenommenen Wahlfunktionen des Bundestags.
Gleiches gilt für die Wahl der Repräsentanten im Vermittlungsausschuss und die Wahl der Vertreter des Parlaments im Gemeinsamen Ausschuss gemäß Artikel 53a des Grundgesetzes,
dem Reserveparlament im Notstandsfall.

Dass der Bundestag seinen Wahlfunktionen bislang nachkam,
ist allerdings nicht nur sein Verdienst, sondern auch dem Parteiensystem zuzuschreiben, in dem bislang Parteien mit beacht-
lichem Kooperationspotential wirkten. Allerdings hatten die
Wahlfunktionen des Bundestages nicht nur integrative Wirkungen, sondern mitunter auch polarisierende. Infolge der Vorherr-
schaft der Parteien bei der Wahl der Abgeordneten und der In-
haber der Führungspositionen ist die Parteimitgliedschaft eine

fast unabdingbare Voraussetzung für jeden Kandidaten. Doch die Parteizugehörigkeit polarisiert die Wählerschaft und die Abgeordneten in Gewinner und Verlierer, in Regierung und Opposition. Zudem sind parteipolitische Schlagseiten im Prozess der Kandidatensuche und -auswahl selbst dort nicht auszuschließen, wo Überparteilichkeit besonders dringlich ist, wie beispielsweise bei der Wahl des Bundespräsidenten oder der Richter des Bundesverfassungsgerichtes.

3.2 Gesetzgebung und Kontrolle der Regierung. Umfragen schmeicheln dem Deutschen Bundestag nicht. Er zählt zu den weniger populären öffentlichen Institutionen, und bei Wählerbefragungen zum Vertrauen in Institutionen schneidet er nicht sonderlich gut ab. Dem Fleiß nach zu urteilen verdient der Bundestag allerdings gute Noten. Die prominente Rolle des Parlaments in der Gesetzgebung ist ein überragendes Beispiel. Der Bundestag ist tatsächlich «Der Gesetzgeber» (Klaus von Beyme) und repräsentiert insoweit das Zentrum der politischen Entscheidungen in Deutschland. In dieser Funktion hat der Bundestag hohe Anerkennung erworben. Von dieser Funktion zeugen auch seine innere Struktur und seine Funktionsweise. Der Bundestag ist eine Mischform aus «Arbeitsparlament» und «Redeparlament». Das «Arbeitsparlament» betont die Ausschussarbeit, die Gesetzgebung und die Kontrolle der Exekutive. Im «Redeparlament» hingegen ist die Profilierung in der parlamentarischen Debatte Trumpf; in ihm sind die expressiven Funktionen des Parlaments zentral. Der Bundestag vereint Merkmale beider Parlamentstypen, aber das Arbeitsparlament überwiegt. Das zeigt auch die Arbeitszeiteinteilung der Abgeordneten auf Ausschussarbeit und Debattentätigkeit. Den Großteil des Zeitbudgets im Parlament konsumiert die Teilnahme an Bundestagsausschusssitzungen.

Die Gesetzgebung weist den Bundestag als ein produktives Parlament aus. So belief sich die Gesamtzahl der im Bundestag eingebrachten Gesetzesvorhaben in den ersten 15 Legislaturperioden auf 9961 und die der verabschiedeten Gesetze auf 6421. Auch der vergleichsweise zügige Gesetzgebungsvorgang zeigt eine tatkräftige und leistungsfähige Legislative an.

Quantität ist nicht gleich Qualität. Nicht alle Gesetze sind wichtige Legislativakte, und etliche Gesetze des Bundestags reparieren nur Schäden, die ein früheres Gesetz verursacht hat. Aber neben weniger wichtigen Gesetzen und Reparaturnovellen gibt es auch besonders wichtige Legislativakte. Die Gesetzgebung zum Wiederaufbau in den 1950er Jahren oder zur Integration Deutschlands in die Europäische Staatengemeinschaft einschließlich der einheitlichen europäischen Währung, die den Euro an die Stelle der Deutschen Mark setzte, sind nur zwei Beispiele. Die Gesetzgebung zum Auf- und Ausbau des Sozialstaates gehört ebenfalls zu den großen, allerdings auch folgenreichen, weil besonders kostspieligen Aktivitäten des Parlaments. Zudem hat die Politik zur deutschen Einheit eine Gesetzgebung erfordert, die in zeitlicher und sachlicher Hinsicht höchsten Ansprüchen genügen musste.

Allerdings war die Gesetzgebung zur deutschen Einheit hauptsächlich die Stunde der Exekutive. Sie war weitgehend abgekoppelt von dem ansonsten schwerfälligen Prozess des Aushandelns zwischen Bund und Ländern und zwischen Regierung und Opposition. Und Bundestag und Bundesrat fanden sich in einer Ratifikationslage wieder, nämlich der Wahl zwischen Zustimmung zur gesamten Gesetzgebung zur Einheit Deutschlands oder Ablehnung des ganzen Werkes.

Der Parteienwettbewerb ist in der Gesetzgebung der Bundesrepublik von größter Bedeutung: Die Parteien, ihre Fraktionen im Parlament und die von ihren Abgeordneten gewählten Regierungen sind die zentralen Akteure im politischen Willensbildungs- und Entscheidungsprozess. Bemerkenswert ist, dass die Opposition vielfach bei besonders wichtigen Gesetzen zugestimmt hat, wenngleich meist nach langem Tauziehen mit der Regierung. Paradebeispiele sind wieder die gesetzgeberischen Weichenstellungen zur Mitwirkung am Bau der Europäischen Staatengemeinschaft. Allerdings ist die Gesetzgebung wieder in das Räderwerk der parteipolitischen Polarisierung geraten, die seit der Endphase der Großen Koalition von 1966 bis 1969 die

Politik in Deutschland erneut prägte – nach vorübergehender Entpolarisierung. In der Gesetzgebung der 1980er Jahre beispielsweise schrumpfte der Anteil der einstimmig verabschiedeten Gesetze im Bundestag – ein Ausdruck des harten Kampfes zwischen Regierung und Opposition, der durch den Regierungswechsel von 1982 noch angeheizt wurde.

Trotz harten Parteienwettbewerbs kam in Deutschland aber auch der «kooperative Parlamentarismus» zum Zuge. Den Begriff hat Klaus von Beyme geprägt: «Kooperativer Parlamentarismus» bedeutet, dass Regierung und Opposition sich oft dem Einigungszwang beugen, den Zustimmungspflichtigkeit oder Zweidrittelmehrheit hervorbringen. Der kooperative Parlamentarismus unterscheidet den Deutschen Bundestag grundlegend vom US-amerikanischen Kongress und vom britischen Unterhaus, denn dort ist das Mitregieren der Opposition nach deutschem Muster nur im Falle des Notstandes vorstellbar. Die Mitregentschaft der Opposition in Deutschland hingegen wurzelt in dem Kooperationszwang, den der Bundesstaat und der Arbeitsparlamentscharakter des Bundestages erzeugen. Das Arbeitsparlament verschafft der Opposition mannigfaltige Gelegenheit zur Kooperation und bindet sie in die Verantwortung ein. Beispielsweise werden die Parlamentsausschüsse mit Repräsentanten der Regierungs- und der Oppositionsparteien in Relation zu ihren Parlamentssitzanteilen besetzt. Zudem entfällt ein greifbarer Anteil der Ausschussvorsitzenden auf die Oppositionsparteien. Im Unterschied dazu dominiert im US-amerikanischen Kongress das *«winner takes all»*-Prinzip, also der Grundsatz, dass der Gewinner alles erhält und der Verlierer leer ausgeht.

Parteienwettbewerbliche Züge prägen auch die Kontrollfunktion des Bundestages. Wie erwähnt, verläuft in den parlamentarischen Demokratien die Front zwischen der Regierung und der Parlamentsmehrheit auf der einen und der parlamentarischen Opposition auf der anderen Seite. Ihr Eigeninteresse an einer handlungsfähigen Regierung veranlasst die parlamentarische Mehrheit dazu, das Kontrollpotenzial des Parlaments gegen die Regierung meist nur in homöopathischer Dosierung zu nutzen. Ob die Opposition den damit verbundenen Verlust an Kontrolle ausgleicht oder überkompensiert, hängt von vielen Faktoren ab. Zu diesen gehören die politisch-ideologische Distanz zwischen Regierung und Opposition, die Zahl der Oppositionsparteien, die zahlenmäßige Stärke der Opposition und ihre Kohäsion. Insgesamt wird die parlamentarische Opposition die Kontroll-rechte umso mehr nutzen, je größer die politisch-ideologische Distanz zur Regierung, je kleiner die Zahl der Oppositionspar-teien, je größer die Zahl ihrer Mandate und je größer ihre poli-tisch-ideologische Kohäsion ist. Besonders wirksam greifen die Kontrollrechte im Falle eines absoluten Vetos. Zu den Kontroll-instrumenten gehören die Große Anfrage, die die gemeinsame Interpellation von wenigstens 5 Prozent der Abgeordneten vo-raussetzt, und die Kleine Anfrage, eine Anfrage im Parlament, die von einem Bundestagsmitglied vorgebracht werden kann. Das Arsenal der Kontrollinstrumente umfasst zudem die Einset-zung eines parlamentarischen Untersuchungsausschusses, der, im Zeichen des Parteienwettbewerbs, allerdings meist zu einer «Arena für politische Kämpfe im Justizgewand» mutiert (Heri-bert Prantl). Ferner können parlamentarische Anhörungen an-beraumt werden. Zudem gibt es das mächtige Kontrollinstru-ment des konstruktiven Misstrauensvotums.

Alle erwähnten Kontrollinstrumente sind im Bundestag ein-gesetzt worden – überwiegend von der Opposition, manchmal mit Erfolg, wie im Falle des konstruktiven Misstrauensvotums von 1982, manchmal erfolglos, wie im Falle des fehlgeschla-genen Misstrauensvotums von 1972. Manche Kontrollinstru-mente werden extensiv genutzt, so die Interpellation, andere weniger häufig, beispielsweise der parlamentarische Untersu-chungsausschuss.

3.3 Interessenartikulation und Kommunikation. Der Beitrag des Deutschen Bundestages zur Interessenartikulation und zur poli-tischen Kommunikation mit den Bürgern wird meist schlechter benotet als seine Gesetzgebungs- und Wahlfunktionen. Mitver-antwortlich dafür sind die widersprüchlichen Rollen der Bun-destagsabgeordneten. Die Abgeordneten sind hin- und hergeris-sen zwischen den Rollen «Wahlkreiskönig» und «Parlamentsstar». Doch wer Wahlkreiskönig sein will, gerät zeitlich, sachlich und sozial in Konflikt mit der Parlamentsstar-Rolle. Hinzu kommen zwei weitere Rahmenbedingungen: Die Abgeordneten sind nicht ungebundene Parlamentsmitglieder, sondern auch Mitglieder einer politischen Partei und einer Bundestagsfraktion dieser Partei. Sie sind mithin nicht nur Repräsentanten des ganzen Volkes und nur ihrem eigenen Gewissen unterworfen, so die treuherzige Vorgabe der Verfassung, sondern in Wirklichkeit auch Teil einer großen parteipolitischen Maschinerie mit harter Fraktionsdisziplin, deren Verletzung empfindlich sanktioniert werden kann, insbesondere durch Minderung oder Entzug der Wiederwahlchancen. Widersprüchliche Erfordernisse erwachsen den Abgeordneten zudem aus der dualen Struktur des Bundestags. Sein Arbeitsparlamentscharakter verlangt den qualifizierten Experten. Sein Redeparlamentscharakter aber prämiert die rhetorische Qualifikation, die geschickte Selbstinszenierung und Befähigung zu medienwirksamer Darstellungspolitik. Doch diese Fähigkeiten können alsbald mit der parteipolitischen Ausrichtung der parlamentarischen Kommunikation in Konflikt geraten. Denn das Machtstreben der Parteien und sein Abdruck in der parteipolitischen Kommunikation verleiten die Abgeordneten häufig dazu, komplexe Sachverhalte parteipolitisch zu simplifizieren, zu dichotomisieren, sie in Kategorien parteipolitischer Korrektheit zu moralisieren und die Schuld für Mängel immer nur beim Gegner zu suchen. Doch dies und der konfliktbetonte Stil des Vortrags entwerten häufig die Kommunikation zwischen Parlament und Öffentlichkeit und vermindern den Neuigkeitswert der parlamentarischen Kommunikation. Für das Publikum wirkt diese Form des parteipolitisch aufgeladenen parlamentarischen Streites öde, wenn nicht abstoßend.

Eine weitere Spannung kommt hinzu. Die Qualifikationen, die dem Abgeordneten zur Nominierung als Kandidaten und zum Mandatserwerb verhelfen, unter anderem die Allgegenwärtigkeit in Medien und das nimmermüde Händeschütteln, prädestinieren ihn nicht schon zu qualifizierter parlamentarischer Arbeit. Auch deshalb ist es kein Zufall, dass die Bundestagsabgeordneten sich häufig bestenfalls nur durch hastiges «*training on the job»* in die Materien einarbeiten, über die sie abstimmen. Und kein Zufall ist es, dass die Abgeordneten dabei oft auf einer schmalen Informationsbasis handeln und wissenschaftliche Beratung meist nur in kleiner Dosierung aufnehmen – obwohl mittlerweile die parlamentarischen Hilfsdienste für die Abgeordneten nach US-amerikanischem Vorbild weit ausgebaut sind.

4. Das mächtigste Parlament auf dem Kontinent?

Der Deutsche Bundestag steht im Zentrum des politischen Geschehens in Deutschland. Somit hat sich die These von dem «machtlosen Parlament» nicht bewahrheitet, die Karl Loewenstein in den 1950er Jahren vertreten hatte, und zwar in der Annahme, die kanzlerfreundliche Struktur des Regierungssystems und die überragende Person des Bundeskanzlers Adenauer würden den Deutschen Bundestag politisch degradieren. Das aber war nicht der Fall. Der Bundestag ist nicht das Anhängsel des Kanzlers. Auch ist er kein «hinkendes Parlament», das sich mühsam hinter einem übermächtigen Präsidenten dahinschleppt. Zudem laboriert der Bundestag nicht am «negativen Parlamentarismus», den Max Weber 1917 dem politisch nur bedingt einflussreichen Reichstag zugeschrieben hatte. Und im Unterschied zum Deutschen Reich zwischen 1871 bis 1918 kennt der Bundestag auch nicht die Unterordnung unter eine «vorwaltende Kronmacht» (Otto Hintze).

Allerdings ist der Deutsche Bundestag weder omnipräsent noch omnipotent. Das liegt nicht nur an der mitunter nur mittelmäßigen Qualität seiner Abgeordneten. Vielmehr sieht sich der Bundestag mit einer Vielzahl von Gegenkräften, ja mit Mitregenten und Vetospielern konfrontiert, und zwar mit Ausnahme des Schweizerischen Nationalrats mit mehr Mitregenten und Vetospielern als andere Parlamente in Europa. Insbesondere Koalitionsparteien, Länderregierungen, Bundesrat, die autonome Zentralbank, die mächtige Verfassungsgerichtsbarkeit, die Delegation von Staatsaufgaben an gesellschaftliche Assoziationen und starke Selbstverwaltungstraditionen engen den Spielraum des Bundestages sehr stark ein. Außerdem ist der Deutsche Bundestag seit seinem Bestehen ein Parlament ohne volle Souveränität. Besatzungsstatut und bis 1990 Vorbehaltsrechte der Siegermächte des Zweiten Weltkrieges sind Stichworte. Zudem wirken bis zum heutigen Tag militärpolitische Auflagen der Siegermächte nach: eine eigenständige militärische Verteidigung mit nuklearstrategischen Waffen ist der Bundesrepublik verwehrt.

Hinzu kommen folgenreiche Souveränitätstransfers an internationale Organisationen, wie die NATO, und an supranationale Organisationen, insbesondere die Gemeinschaft der europäischen Staaten. Wie in anderen Mitgliedstaaten der Europäischen Union wird die Gesetzgebung in Deutschland mittlerweile sehr stark von der Rückwirkung des europäischen Rechts geprägt, so stark, dass Fachleute mittlerweile von einem «neuen», einem «europäisierten Regierungssystem» in Deutschland sprechen. Tatsächlich ist die Rückwirkung des EU-Rechtes auf die deutsche Gesetzgebung von eindrucksvoller Größe. Schon 1987 waren rund 20 Prozent der Gesetze, die der Bundestag verabschiedete, Transformationen europäischen Rechts in die deutsche Gesetzgebung. Und in Politikfeldern mit hohem Vergemeinschaftungsgrad, wie der Agrarpolitik und zunehmend der Wirtschaftspolitik, überschritt der Prozentanteil der europagesteuerten Bundestagsgesetze schon früh die 20-Prozent-Marke bei weitem. Gleiches gilt für die Legislativtätigkeit des Bundesrates. Neueren Schätzungen zufolge liegt der Anteil der Gesetze mit EU-Impuls bei knapp 40 Prozent (A. E. Töller).

Nicht nur das europäische Recht begrenzt die Autonomie des Deutschen Bundestags. Gleiches gilt auch für die starke Stellung der Judikative in der Bundesrepublik. Das zeigt der Vergleich des Bundestages mit dem souveräneren britischen Unterhaus. Zudem hat der Bundestag Boden gegenüber der Ministerialbürokratie verloren, deren Einfluss auf die Gesetzgebung gewachsen ist, auch wenn die Professionalisierung den Parteien einen Zuwachs an Fachwissen brachte. Die größere Bedeutung der Ministerialbürokratie reflektiert den Zuwachs des staatlichen Eingriffs in Gesellschaft und Wirtschaft sowie die größere technische Komplexität der meisten Politikmaterien und Politikinstrumente. Überdies engt die zunehmende Bedeutung der Ländervertretung in der Gesetzgebung den Spielraum des Deutschen Bundestags weiter ein. Anzahl und relative Häufigkeit der zustimmungspflichtigen Gesetze zeigen eine Machtverschiebung vom Bundestag hin zum Bundesrat an. Hinzu kommt die Ratifikationslage, in die der Bundestag durch politische Entscheidungen auf europäischer Ebene und durch Kompromisse zwischen Bund und Ländern geraten kann: Ratifikationslage bedeutet, dass das Parlament nur noch wählen kann zwischen vollständiger Annahme der ausgehandelten Kompromisse oder vollständiger Ablehnung und angesichts dieser Zwangslage meist für die erste Option stimmt.

Außerdem ist die potenzielle Störanfälligkeit des Deutschen Bundestages zu bedenken. Verfassungspolitische Krisen können die Bedeutung des Bundestags drastisch schrumpfen lassen. Das wäre im Fall des «inneren» und des «äußeren Notstandes» (Verteidigungsfall) gegeben, aber auch in dem des Gesetzgebungsnotstandes nach Artikel 81 Grundgesetz, in dem eine Koalition aus Bundesregierung, Bundespräsident und Bundesrat zeitweise die Führung der Regierungsgeschäfte und die Gesetzgebung übernehmen kann. Ferner ist die Lähmung im Auge zu behalten, die ein politisches Patt hervorrufen kann. Die Periode vor und nach der Vertrauensfrage des Bundeskanzlers Willy Brandt im Jahre 1972 liefert dafür ein spektakuläres Beispiel.

All dies begrenzt den Spielraum des Deutschen Bundestags beträchtlich. Das spricht gegen die These, dass der Bundestag mittlerweile in Europa ein besonders mächtiges Parlament sei. Doch im Vergleich zur politischen Geschichte vor 1949 ist der Bundestag das einflussreichste deutsche Parlament. Allerdings hatte der Bundestag niemals in vollem Umfang die Suprematie inne. Die außen- und innenpolitischen Beschränkungen der Souveränität des Landes verkleinern naturgemäß auch den Aktionsradius ihres Parlamentes. So wie die Bundesrepublik Deutschland insgesamt halbsouverän ist, so ist auch ihr Parlament halbsouverän.

V. Die Exekutive

1. Ein parlamentarisches Regierungssystem mit schwachem Präsidenten und starkem Kanzler

Der Regierungsform nach hat Deutschland ein parlamentarisches Regierungssystem – wie Großbritannien oder Schweden. Ein parlamentarisches Regierungssystem unterscheidet sich vom Präsidentialismus durch die Abberufbarkeit der Regierung während der Legislaturperiode durch das Parlament – hierzulande auf dem Wege des konstruktiven Misstrauensvotums – und durch eine zweiköpfige Exekutive anstelle einer einköpfigen. An der Spitze der Exekutive in Deutschland stehen der Bundeskanzler als Regierungschef und der Bundespräsident als Staatsoberhaupt. Im Präsidentialismus hingegen, wie in den USA, ist der Präsident zugleich Regierungschef und Staatsoberhaupt.

Im Unterschied zum Reichspräsidenten der Weimarer Republik wird der Bundespräsident nicht vom Volk direkt gewählt und im Unterschied zum US-Präsidenten nicht von einem Wahlmännerkollegium gekürt, sondern von der Bundesversammlung. Diese besteht aus den Bundestagsabgeordneten und einer gleichen Anzahl von Vertretern der Landtage. Das unterstreicht die Wirkungskraft des Föderalismus und die paritätische Machtverteilung zwischen Bund und Ländern: beide sollen an der Wahl des Staatsoberhauptes gleichberechtigt beteiligt sein. Zugleich versinnbildlicht die Bundespräsidentenwahl durch die Bundesversammlung die Absage an plebiszitäre Arrangements. Von denen befürchtete man in Deutschland mehr als anderswo, sie wirkten als «Prämie für Demagogen», so Theodor Heuss, sein erster Bundespräsident.

Auch der verfassungspolitische Spielraum des Bundespräsidenten ist normalerweise gering. Im Wesentlichen ist der Bundespräsident der oberste Repräsentant und der «Staatsnotar»

der Bundesrepublik, der oberste Urkundsbeamte, der die Gesetze ausfertigt, dem Bundestag den Kanzler zur Wahl vorschlägt,
den Gewählten zum Bundeskanzler bestimmt und Minister auf
Vorschlag ernennt. Im Spiel der politischen Kräfte ist der Bundespräsident normalerweise ein schwacher Präsident – davon
zeugt beispielsweise der Vergleich mit dem einflussreichen
Reichspräsidenten der Weimarer Republik, dem mächtigen Präsidenten der USA und dem französischen Staatspräsidenten,
dessen großer Wirkungsradius Frankreich zum Fall des «Semipräsidentialismus» werden ließ, einer Mixtur aus parlamentarischem und präsidentiellem Regierungssystem. Der Bundespräsident hat weder den Oberbefehl über die Streitkräfte noch besitzt er nennenswerte Gestaltungsmacht in der Außenpolitik.
Auch stehen ihm weder die Diktatorialgewalt noch ein Notver-
ordnungsrecht zu – im Unterschied zum Weimarer Reichspräsidenten. Nur unter besonderen Umständen wirkt der Bundespräsident als «Reservegewalt» (Theodor Eschenburg) – wenn
Exekutive und Legislative nicht auf die verfassungsmäßig vorgesehene Weise funktionieren, beispielsweise bei der dritten
Stufe der Wahl des Bundeskanzlers, einer fehlgeschlagenen Vertrauensfrage des Kanzlers wie im Jahre 2005 oder beim Gesetzgebungsnotstand nach Artikel 81 Grundgesetz. Ansonsten liegt
die politische Bedeutung des Amtes des Bundespräsidenten
hauptsächlich in repräsentativen und stilgebenden Funktionen
und in der Chance, mit Worten Taten zu schaffen – Sprach-
mächtigkeit und Anerkennung vorausgesetzt.

Deutschland hat ein parlamentarisches Regierungssystem
der republikanischen Form – also ohne Monarchen, aber mit
Kanzlerdominanz, nicht mit Parlaments- oder Präsidialdomi-
nanz. Sein Zentrum liegt im Zusammenspiel von Parlament,
Opposition und Regierung, die von einem nach der Verfassung
starken Regierungschef, dem Bundeskanzler, geführt wird.
Deutschland ist mit einer erstaunlich kleinen Zahl von Regierungschefs ausgekommen – ein Zeichen hoher politischer Stabilität. Bis zur 16. Wahlperiode waren es acht an der Zahl:
Konrad Adenauer (CDU) 1949–1963, Ludwig Erhard (CDU)
1963–1966, Kurt Georg Kiesinger (CDU) 1966–1969, Willy

Brandt (SPD) 1969–1974, Helmut Schmidt (SPD) 1974–1982, Helmut Kohl (CDU) 1982–1998, Gerhard Schröder (SPD) (1998–2005) und Angela Merkel (seit 2005).

Deutschlands Kanzler verkörpern Persönlichkeiten unterschiedlichster Herkunft und Regierungsstile. Adenauer personifizierte wie kein anderer nach ihm die «Kanzlerdemokratie» und galt als «Patriarch» (Guido Knopp). Erhard war wirtschaftspolitisch «Optimist» (Knopp) und zugleich «Mahner», der gerne zum «Maßhalten» aufforderte – allerdings mit wohlgenährtem Bauch und meist mit dicker Zigarre. Doch blieb Erhard ein schwacher Kanzler, zumal es ihm an Hausmacht in seiner Partei, der CDU, mangelte. Kiesinger sahen viele als Vermittler, ja als «wandelnden Vermittlungsausschuss», vor allem aufgrund seiner Balancierung der Politik in der Großen Koalition aus CDU/CSU und SPD, der er als Regierungschef vorstand. Brandt verkörperte den mitunter visionären Reformer – in der Innenpolitik und in der Außenpolitik, so in der «Neuen Ostpolitik», die auf Ausgleich mit der DDR und anderen sozialistischen Staaten zielte. Sein Nachfolger Schmidt profilierte sich als tatkräftiger Macher, als Krisenmanager und mitunter auch als «Lotse» (Knopp). Kohl war als Kanzler gewiss ein «Patriot» (Knopp), aber sein Herz schlug auch für das vereinte Europa. Schröder war mehr als alle anderen Bundeskanzler für überraschende Schachzüge gut: heute mit der Wirtschaft (wie bei der Steuerreform 2000), morgen mit den Gewerkschaften (wie nach dem Wahlsieg 1998 und im Bundestagswahlkampf 2002), auf der einen Seite mit den Amerikanern (wie beim Feldzug gegen den internationalen Terrorismus), auf der anderen gegen sie (wie im Irak-Krieg), gestern der Einkassierer von Reformen der Vorgängerregierung (wie 1998 und 1999) und morgen der unerschütterliche Reformstaatsmann, der mit dem Sozialstaatsumbau der «Agenda 2010» die Gewerkschaften und einen beträchtlichen Teil der SPD schockierte. Angela Merkel schließlich entpuppte sich keineswegs als die Maggie Thatcher aus der Uckermark, sondern als eine machtbewusste Regierungschefin, die in größerem Maß als Vermittlerin zwischen den Koalitionspartnern tätig werden musste, als ihr lieb sein dürfte.

2. Machtmittel der Bundesregierung

Person, Fähigkeiten, Strategie und Taktik eines Kanzlers bestimmen in beträchtlichem Maße sein Durchsetzungsvermögen. Doch wichtig sind auch die Institutionen, mit denen er zu tun hat, sein Umfeld, das Politik-Erbe der Vorgängerregierungen sowie machtpolitische Konstellationen im Parlament und außerhalb desselben. Das parlamentarische Regierungssystem der republikanischen Form mit Kanzlerdominanz und schwachem Präsidenten gibt dem Bundeskanzler größere Gestaltungschancen als sie Frankreichs Premier hat, der im Schatten eines starken Staatspräsidenten agiert. Zudem stärkt das Grundgesetz den Bundeskanzler im Verhältnis zum Parlament, wie insbesondere die Regeln für den Kanzlerwechsel zeigen. Ein Kanzlersturz erfordert mehr als nur eine zur Abwahl des amtierenden Regierungschefs geeinte Mehrheit. Der Kanzlersturz erfolgt vielmehr durch die Wahl eines neuen Kanzlers mit der absoluten Mehrheit der Stimmen der Mitglieder des Parlaments – so das konstruktive Misstrauensvotum nach Artikel 67 des Grundgesetzes, das bislang zweimal zum Zuge kam: 1972 ohne Erfolg der Antragsteller – die Kandidatur von Rainer Barzel (CDU) scheiterte knapp – und 1982 mit Erfolg – Helmut Kohl (CDU) gewann die erforderliche Kanzlermehrheit, und damit war der bis dahin amtierende Kanzler Helmut Schmidt abgewählt.

Zu den Machtmitteln des Bundeskanzlers gehört das organisatorische Kabinettsbildungsrecht: Mit ihm legt der Regierungschef den Zuschnitt der Bundesregierung in Ministerien und die Aufgabenbereiche der Ministerien fest. Das ist von großer Bedeutung für die politische Gestaltung, aber auch für die Postenverteilung unter den Regierungsparteien und die Patronagemacht des Bundeskanzlers. Zudem ist der Kanzler der Hauptzuständige bei der Auswahl der Bundesminister. Die Bundesminister werden auf seinen Vorschlag hin vom Bundespräsidenten ernannt und entlassen. Der Bundestag ist hierbei nicht eingeschaltet. Gewiss: Bei den Entscheidungen über den Zuschnitt der Bundesregierung und die personelle Besetzung der Ministerien wirken viele Kräfte mit. Hier ist Rücksichtnahme auf die Regierungsparteien, innerparteiliche Gruppierungen, Regionen und – oftmals nur verhalten – auf fachliche Kompetenz erforderlich.

Die Richtlinienkompetenz zählt ebenfalls zu den Machtmitteln des Bundeskanzlers. Mit ihr erhält der Kanzler die verfassungsrechtliche Befugnis, die grundsätzlichen Ziele der Innen- und Außenpolitik seiner Regierung zu bestimmen und hierfür die Verantwortung gegenüber dem Parlament zu tragen. Die Richtlinien des Kanzlers sind für seine Bundesminister verbindlich und von den Ministern in eigener Verantwortung zu verwirklichen. Erst auf der Grundlage der Kanzlerrichtlinien kommen, so jedenfalls die reine Lehre, das Kollegial- und das Ressortprinzip zum Zuge. Das ist das Prinzip der gleichberechtigten gemeinsamen Ausübung der Regierungsgewalt durch die Bundesminister einerseits und der Grundsatz der eigenverantwortlichen Leitung des Aufgabenbereichs eines Bundesministeriums durch den zuständigen Minister andererseits.

Zu den Machtmitteln des Kanzlers gehört ferner ein Einspruchsrecht, das er mit dem Bundesfinanzminister einsetzen kann: ein absolutes Veto gegen Beschlüsse des Parlaments, welche die im Bundeshaushaltsplan enthaltenen Ausgaben erhöhen oder die dort aufgeführten Einnahmen vermindern.

Nicht zu übersehen ist schließlich die sicherheits- und verteidigungspolitische Kompetenz des Kanzlers. In Friedenszeiten liegt die Befehls- und Kommandogewalt über die Bundeswehr beim Verteidigungsminister. Im Verteidigungsfalle geht sie auf den Kanzler über, nicht auf den Präsidenten wie noch in der Weimarer Republik.

Großes Gewicht haben nicht nur die Machtmittel des Kanzlers, sondern auch die Machtressourcen der von ihm geführten Bundesregierung und der sie tragenden Fraktionen im Deutschen Bundestag. Der Bundestag ist tatsächlich «Der Gesetzgeber» (Klaus von Beyme). Deshalb kann die Parlamentsmehrheit, also die parlamentarische Basis der Bundesregierung, per Gesetz fundamentale Politikänderungen beschließen. Allerdings muss die Parlamentsmehrheit dafür die Zustimmung des Bundesrates gewinnen.

Der Wirkungsradius des Bundestags bzw. seiner Mehrheit ist dennoch höchst beachtlich. Potenziell besonders große Spielräume stehen ihm im Bereich der ausschließlichen Gesetzgebungskompetenz des Bundes offen. Zu ihr gehören vor allem die auswärtigen Angelegenheiten, die Verteidigungspolitik, die Staatsangehörigkeit im Bunde, das Postwesen und die Telekommunikation sowie die Zusammenarbeit des Bundes mit den Ländern in der Kriminalpolizei und Angelegenheiten des Verfassungsschutzes. Überdies hat der Bund – und somit gesetzgebungstechnisch auch die Mehrheit des Bundestages – überall dort einen großen eigenständigen Spielraum, wo er mit Einspruchsgesetzen regiert, im Gegensatz zum Regieren mit verfassungsändernden oder mit zustimmungspflichtigen Gesetzen.[17]

Hinzu kommen die Gestaltungsmöglichkeiten des Bundes im Bereich der konkurrierenden Gesetzgebung. Der Eingriff des Bundes setzt allerdings voraus, dass eine bundesgesetzliche Regelung zwingend erforderlich ist, um gleichwertige Lebensverhältnisse im Bundesgebiet herzustellen oder um die Rechts- und Wirtschaftseinheit zu wahren. Faktisch war die konkurrierende Gesetzgebung lange – bis das Bundesverfassungsgericht 2004 und der Gesetzgeber mit der Föderalismusreform 2006 die Zügel stärker anzogen – das «trojanische Pferd der Zentralisierung» (Thomas Ellwein). Mit ihm regiert der Bund weit in Politikfelder der Länder oder neue Bereiche hinein: Umweltpolitik, Wirtschaftsrecht, Atomenergie, Arbeitsrecht, Wohnungswesen und sozialpolitische Arrangements sind Beispiele. Kompensiert wurden die Länder durch den Auf- und Ausbau gesicherter Mitwirkungsrechte an der Bundesgesetzgebung und durch die politische Aufwertung, die hierdurch den Ministerpräsidenten der Länder zuteil wurde: Diese wandelten sich von Regierungschefs mit lediglich regionaler Bedeutung zu bundespolitisch einflussreichen «Landesfürsten» mit zukünftigen Karrierechancen in der Bundespolitik, die wenig Interesse daran haben, das Rad, das sie dorthin gebracht hat, wieder zurückzudrehen.

Überdies konnte der Bund bis zur Föderalismusreform 2006 in bestimmten Feldern Rahmenvorschriften erlassen, welche die Länder in Zugzwang brachten, beispielsweise bei der Regulierung der Rechtsverhältnisse der Personen, die im öffentlichen Dienst der Länder und der Gemeinden beschäftigt sind, oder bei der Regelung der allgemeinen Grundsätze des Hochschulwesens.

Auch die Personalpolitik auf Bundesebene gehört zu den Machtmitteln der Bundesregierung und der sie tragenden Parlamentsfraktionen. Das betrifft nicht nur die Besetzung der Ministerien und der Spitzenpositionen in der Ministerialbürokratie des Bundes. Die Regierungsparteien und die Bundesregierung wirken auch mit bei der Wahl der Hälfte der Mitglieder des Bundesverfassungsgerichtes – die andere Hälfte wird vom Bundesrat gewählt –, sodann bei der Wahl der Richter der obersten Gerichte in Deutschland und vielen anderen personalpolitischen Entscheidungen, beispielsweise der Benennung von Kandidaten für die EU-Kommission und den Europäischen Gerichtshof, für die Deutsche Bundesbank und die Europäische Zentralbank.

Überdies ist die Bundesregierung autorisiert, vor dem Bundesverfassungsgericht zu klagen, einem, wie im 7. Kapitel gezeigt wird, der weltweit mächtigsten Gerichte. Der direkte Weg zum Bundesverfassungsgericht steht der Bundesregierung über vier Wege offen: die abstrakte Normenkontrolle, die konkrete Normenkontrolle, die Streitschlichtung zwischen Staatsorganen sowie zwischen dem Bund und den Ländern und der Antrag auf Erklärung einer politischen Partei als verfassungswidrig.

Auch die Verfügungsgewalt über begehrte Güter und Leistungen zählt zu den Machtmitteln jeder Bundesregierung. Das umschließt die Verfügung über Ressourcen wie Geld, Personal und gute Verbindungen sowie Gebote und Verbote, Koordination mit wichtigen Verbänden oder einzelnen Unternehmen oder «Runde Tische», an denen Regierung und Interessenvertreter sitzen. Dies sind nur einige Beispiele für ein ausdifferenziertes System von Kontakten, Verhandlungen und Koordination zwischen der Bundesregierung und gesellschaftlichen Interessen, in denen der Staat vielfach die Gestalt eines «paktierenden Staates» annimmt (Dieter Grimm), der die Grenzen zwischen Allgemeininteressen und Sonderinteressen verwischen kann.

Nicht zu vergessen ist, dass die Bundesregierung über einen wichtigen Teil der Steuern und der öffentlichen Ausgaben verfügt. Dazu gehört auch die Verlockung, Staatsaufgaben durch Verschuldung zu finanzieren, wodurch die Finanzpolitik der Bundesregierung maßgeblich zur – insgesamt wachsenden – öffentlichen Verschuldung beiträgt. Rund 30 Prozent aller öffentlichen Ausgaben sind derzeit dem Bund zuzuschreiben, was einem Sozialproduktanteil von knapp einem Sechstel entspricht. Das sind selbst dann große Summen, wenn berücksichtigt wird, dass zwei Drittel der öffentlichen Ausgaben nicht auf den Bund entfallen, sondern auf die Länder, die Kommunen, die Sozialversicherungen und die Bundesagentur für Arbeit.

Auch politisch-administrative Machtmittel stehen der Bundesregierung zur Verfügung. Sie führt die Exekutive des Bundes und besitzt mit ihren Bundesministerien und dem Bundeskanzleramt besondere politisch-administrative Ressourcen. Ferner kann sie bereichsweise auf eigene Vollzugsorgane zählen, so im Auswärtigen Dienst, in der Bundeswehr und in der Bundesfinanzverwaltung, und auf nachgeordnete Bundesoberbehörden wie das Bundeskriminalamt oder die Bundesanstalt für Flugsicherung. Zudem kann die Bundesregierung allgemeine Verwaltungsvorschriften für den Vollzug von Bundesgesetzen festlegen, der ansonsten hauptsächlich Aufgabe der Länder ist. Außerdem übt die Bundesregierung die Aufsicht darüber aus, dass die Bundesgesetze in den Ländern dem geltenden Recht gemäß vollzogen werden.

3. Machtbegrenzungen –
Warum Alleingänge für Bundesregierungen schwierig sind

Kein Zweifel: Die Bundesregierung und der Kanzler an ihrer Spitze verfügen über erhebliche Machtmittel. Doch sind auch ihre Machtbegrenzungen zu bedenken.

Die Verfassungsgeber haben den Bundeskanzler stark gemacht, er ist aber beispielsweise weniger mächtig als der britische Premier. Dieser hat im Unterschied zum Bundeskanzler das Recht der unmittelbaren Parlamentsauflösung und kann deshalb – innerhalb der Grenzen der Wahlperiode – den Termin der nächsten Parlamentswahl vorgeben.

Ferner regiert die Bundesregierung nicht allein. Auch gesetzgeberische Alleingänge sind nicht die Regel. Vielmehr haben die Bundesregierung und ihre Mehrheit im Bundestag eine parlamentarische Opposition gegen sich, die, wie der internationale Vergleich lehrt, viele Vetopositionen aktivieren kann. Verfassungsänderungen beispielsweise erfordern faktisch die Zustimmung der Opposition – aufgrund der Zweidrittelmehrheiten in Bundestag und Bundesrat. Gleiches gilt für zustimmungspflichtige Gesetze – sofern die Opposition die Mehrheit im Bundesrat auf ihre Seite bringt. Und selbst wenn die Opposition im Bundesrat nur in der Minderheit ist, hat die Bundesregierung oft größte Mühe, die erforderliche Zustimmung der Ländermehrheit zu gewinnen.

Zudem muss die Bundesregierung mit den allgegenwärtigen Massenmedien rechnen, die mitunter als vierte Gewalt neben den drei klassischen Staatsgewalten wirken. Überdies muss die Bundesregierung als Exekutive eines liberaldemokratischen Verfassungsstaates den eng gezogenen Spielraum respektieren, den ihr die Verfassung, die Gesetze und die richterliche Kontrolle der öffentlichen Gewalten belassen. In Shanghai können Regierung und Stadtverwaltung eine Trasse für den Transrapid in weniger als zwei Jahren planen und bauen lassen – notfalls durch rasche Räumung, Abriss von Gebäuden, die im Wege stehen, und durch Missachtung von Bürgerrechten. In Deutschland hingegen benötigt man mitunter mehrere Dekaden zum Verkehrswegebau, nicht zuletzt wegen zeitraubender politischer Willensbildung und langwierigen Auseinandersetzungen über Enteignungs- und Entschädigungsfragen.

Dass die Bundesregierung nicht im Alleingang regieren kann, versteht sich in Zeiten der Internationalisierung und Globalisierung ohnehin von selbst. Infolge der Mitgliedschaft in der Europäischen Union aber wirkt die Bundesregierung an einem komplizierten, bürokratisierten Mehrebenensystem mit, das auf dem Dualismus von supranationalem Regieren und intergouvernementaler Kooperation basiert.

Auch in der Innenpolitik regieren die Bundesregierung und die sie tragenden Parteien in einem Feld mit vielen Mitwirkenden. Das schließt Alleingänge nicht aus, aber diese sind relativ selten. Weil der Bundesrat in der Gesetzgebung mitspricht, sind mit Ausnahme der Felder, in denen der Bund die ausschließliche Gesetzgebungskompetenz innehat, wie im Falle des Ausstiegs aus der Atomenergie, die Spielräume für ihn eng. In der Bildungspolitik und in Fragen der Inneren Sicherheit geben die Länder Ton und Takt an. Hier kämpft der Bund oft vergebens um die Ausweitung seines Einflusses, wovon auch die rot-grüne Regierung Schröder ein Lied singen konnte. Bis zur Föderalismusreform 2006 waren die Bundesregierung und die sie tragende Bundestagsmehrheit bei rund 60 Prozent aller Gesetzesvorhaben auf die Zustimmung des Bundesrates angewiesen. Seit 2006 ist allerdings der Anteil der Zustimmungsgesetze tendenziell niedriger. Nach wie vor führt aber die Zustimmungspflichtigkeit in vielen wichtigen Angelegenheiten zum Mitregieren des Bundesrates und kann zur Blockade von Gesetzesvorhaben geraten. Gleiches gilt für Bestrebungen, die auf Verfassungsänderungen zielen.

Alleingänge sind der Bundesregierung und den sie tragenden Parteien meist auch bei den Staatsfinanzen verwehrt. Die rund 13 Prozent des Sozialproduktes, die derzeit auf den Bundeshaushalt entfallen, sind im internationalen Vergleich nicht viel. Die meisten Zentralstaaten haben größere Budgets. Ähnliches gilt für den 30-Prozent-Anteil der Ausgaben des Bundes an der Gesamtheit aller öffentlichen Ausgaben. Insoweit ist die Bundesregierung in der Haushaltspolitik kein reicher Onkel, sondern ein relativ armer Vetter, der obendrein bis über beide Ohren verschuldet ist. Gering ist die autonome Beweglichkeit des Bundes auch in der Steuerpolitik, denn auch in ihr sind Bund und Länder miteinander eng verflochten. Nicht zufällig greift der Bundesfinanzminister angesichts solcher Schranken gerne zur Finanzierung aus Kreditmarktmitteln und stemmt sich mit Macht und Schläue gegen die Defizitbegrenzungen, die der europäische Stabilitätspakt den EU-Mitgliedstaaten auferlegen soll.

Eine engmaschige ausgaben- und einnahmenpolitische Verflechtung kennzeichnet die bundesstaatliche Finanzverfassung.

Das erfordert schon für das Alltagsgeschäft ein hohes Maß an Koordination der Haushalte der beteiligten Länder und des Bundes. Noch größer wird der Koordinationsbedarf im Falle von Gesetzesänderungen. Hier herrscht Kooperationszwang – es sei denn, Bund und Länder nähmen die wechselseitige Lähmung in Kauf. Der Zwang zur Einigung hat aber einen Preis. Er verlangt Kompromisse, verhindert Alleingänge des Bundes und der Länder und führt häufig dazu, dass komplexere Entscheidungen aufgeschoben oder ausgeklammert werden. So hatte die Föderalismusreform 2006 von vornherein Fragen der Finanzverfassung ausgeklammert. Oft erhalten nur Vorhaben Vorfahrt, die dem kleinsten gemeinsamen Nenner der Interessen aller Beteiligten entsprechen. Doch der kleinste gemeinsame Nenner schließt vielfach Problemlösungen aus, die einen längeren Zeitraum, größere Umverteilung von Besitzständen und Innovationen verlangen.

Wie begrenzt die Macht der Bundesregierung ist, lässt sich ferner daran ablesen, dass die Verwaltung der öffentlichen Angelegenheiten größtenteils Sache der Länder ist. Nur rund 10 Prozent der Beschäftigten des öffentlichen Dienstes sind beim Bund beschäftigt, knapp die Hälfte aber bei den Ländern, die übrigen bei den Gemeinden und in der mittelbaren Staatsverwaltung, insbesondere bei den Sozialversicherungsträgern und der Bundesagentur für Arbeit. In der Bundesrepublik Deutschland gibt es keine zentralisierte Einheitsverwaltung – im Unterschied zu Großbritannien, Frankreich oder Schweden. Und im Unterschied zu den USA verfügt der Bund in den meisten Politikfeldern nicht über einen eigenen Verwaltungsunterbau. Das verschafft den Ländern im Gesetzesvollzug Spielräume und erweitert ihr Handlungsrepertoire. Und weil die Länder hauptzuständig für die Verwaltung sind, zählt ihre Sicht der Dinge oft schon bei der Planung und Beratung der Gesetzgebung. Hierdurch erwächst den Ländern eine weitere Einflussmöglichkeit, die es aufzuwiegen gilt mit den Einwirkungschancen des Bundes, der die Länder mit finanziellen Beteiligungsangeboten, wie im Fall der Gemeinschaftsaufgaben, oder sonstigen Finanzzuwendungen, zum Beispiel Bundesergänzungszuweisungen für finanzschwache Gliedstaaten, locken kann.

Was folgt aus all dem für das politische Gestalten in Deutschland? Eine halbierte Souveränität! Hinsichtlich der Machtmittel können die Bundesregierungen und die sie tragenden Parteien insgesamt nur auf eine eingeschränkte Souveränität bauen. In der Gesetzgebung gilt das, in der Steuerpolitik, faktisch auch bei den öffentlichen Ausgaben und aufgrund der zunehmenden Europäisierung der Staatsaufgaben mittlerweile in vielen Politikfeldern, wenngleich die Politik in der EU mitunter dazu genutzt werden kann, Widerstände auf nationalstaatlicher Ebene zu überspielen. Zu Recht hat der amerikanische Deutschland-Experte Peter Katzenstein die Bundesrepublik als «semisouveränen Staat» bezeichnet. Die Halbsouveränität zeigt sich aber auch darin, dass die Bundesrepublik Deutschland ein Staat der besonders vielen Vetospieler und Mitregenten ist.

4. Der Staat der vielen Mitregenten und Vetospieler

Dass in der Bundesrepublik viele Kräfte in der Politik mitwirken, ist bekannt: die Parteien, oft auch die Verbände, überall die Massenmedien. Mitunter kommt das Bundesverfassungsgericht hinzu. Und bis zu ihrer weitgehenden Ablösung durch die Europäische Zentralbank war auch die Deutsche Bundesbank eine dermaßen einflussreiche Macht, dass Rudolf Wildenmann sie und das Karlsruher Verfassungsgericht als «contre-gouvernement» einstufte, als Gegenregierung. Das war sehr pointiert. Doch unbestritten wirkt an der Politik in Deutschland eine große Schar von Mitregenten und Vetospielern mit. Mit «Vetospieler» ist ein Akteur gemeint, dessen Zustimmung unabdingbare Voraussetzung für eine Abkehr vom Status quo ist, beispielsweise eine Koalitionspartei oder im Falle eines zustimmungspflichtigen Gesetzes der Bundesrat. «Mitregenten» hingegen sind de facto politisch einflussreiche Mitgestalter, aber nicht notwendig mit einem formellen Vetorecht ausgestattete Akteure, beispielsweise ein mächtiger Interessenverband, auf dessen politische Vorlieben eine Regierung Rücksicht nimmt.

Der internationale Vergleich lehrt, dass Deutschland ein Staat mit einer der höchsten Vetospieler- und Mitregentendichte ist.

Das liegt vor allem an zwölf Konstellationen. Es sind dies 1) ein parlamentarisches Regierungssystem, das im Vergleich zum Präsidentialismus die Regierung verletzlicher gegen parlamentarische Vetokräfte macht; 2) Koalitionsregierungen als die typische Regierungsform im Unterschied zur Alleinregierung – und folglich in der Regel höhere Kosten der regierungsinternen Konsensbildung; 3) hohe Barrieren für Verfassungsänderungen, die aufgrund ihrer Zweidrittelmehrheitshürden für die Opposition und für den Bundesrat Vetopunkte enthalten; 4) richterliche Nachprüfbarkeit aller Staatsgewalten; 5) ausgebauter Minoritätenschutz hauptsächlich durch verfassungsrechtlich garantierte Grundrechte; 6) weit reichende Delegation öffentlicher Aufgaben an Experteninstitutionen wie die autonome Zentralbank und die Wettbewerbsbehörde; 7) Delegation öffentlicher Funktionen an Verbände der Gesellschaft, wie im Falle der Tarifautonomie, und Selbstverwaltungseinrichtungen wie in der Sozialpolitik; 8) Selbstverwaltung auch auf lokaler Ebene und im Bildungs- und Wissenschaftswesen; 9) Souveränitätstransfers an internationale und supranationale Organisationen; 10) ausgeprägte Machtaufteilung mit starkem Kooperationszwang für Bund und Länder; 11) häufig divergierende Mehrheiten im Bundestag und Bundesrat und 12) eine Dauerwahlkampfatmosphäre infolge der häufigen Wahlen von bundespolitischer Bedeutung.

Die hohe Vetospieler- und Mitregentendichte hat zwei Hauptwirkungen: Erstens befestigt sie Deutschlands eigentümliche Mischung aus Mehrheits- und Verhandlungsdemokratie. Zweitens erfordert das Regieren in diesem Kontext einen besonders hohen Koordinations- und Kooperationsaufwand. Der Spielraum für politische Gestaltung ist deshalb in der Regel schmal und kann nur um den Preis beträchtlicher Anstrengungen vergrößert werden. Doch die hierfür erforderliche Konsensbildung hat meist einen hohen Preis bei oft nur unzureichender Problemlösung, vor allem bei Gesetzesänderungen, die tiefere Einschnitte in lieb gewordene Besitzstände erfordern. Überdies führen die wechselseitigen Abhängigkeiten von Bund und Ländern und von Regierung und Opposition oft dazu, dass die «Fenster der Gelegenheit» für große Reformen geschlossen bleiben oder nur mit Brachialgewalt geöffnet werden können. All dies addiert sich zu beträchtlichen Begrenzungen des Regierens. Politische Gestaltung wird dadurch erschwert und in der Regel zeitraubend. Das ist der Hintergrund für die viel zitierte These vom «Reformstau» in Deutschland.

5. Bildung und Auflösung von Bundesregierungen

1949 traute kaum ein Beobachter der neu gegründeten Bundesrepublik das zu, was jedenfalls in den ersten 16 Wahlperioden ihr Markenzeichen wurde: hohe politische Stabilität einschließlich geordneter Machtwechsel zwischen Regierung und Opposition. Von Stabilität und Machtwechseln zeugen die Bildung und Auflösung vieler Landes- und mancher Bundesregierungen. Die Regierungsbildung im Bund ist im Grundgesetz geregelt: Der Bundeskanzler wird vom Deutschen Bundestag für eine vierjährige Legislaturperiode gewählt, und zwar auf Vorschlag des Bundespräsidenten. Gewählt ist, wer die Kanzlermehrheit auf sich vereinigt, die Mehrheit der Mitglieder des Bundestages. Wird die Kanzlermehrheit verfehlt, kommt es zur zweiten und gegebenenfalls zur dritten Stufe der Kanzlerwahl. Diese liegt nun vollständig in der Verantwortung des Parlaments – ohne Vorschlagsrecht des Präsidenten –, ist für echte Wahlgänge mit zwei oder mehr Bewerbern offen und sieht als Ausweg auch die Wahl eines Minderheitskanzlers vor.

Die Frage, welchen Kandidaten der Bundespräsident für das Amt des Kanzlers vorschlägt, wird faktisch schon in der vorangehenden Bundestagswahl entschieden. Maßgebend ist das nach Bundestagsmandaten berechnete Kräfteverhältnis zwischen Parteien oder Koalitionen aus Parteien. Vorgeschlagen und gewählt wird am Ende, wer eine handlungsfähige Mehrheit von Abgeordneten im Bundestag hinter sich bringen kann.

Gemessen am Stimmen- und am Mandateanteil in Bundestagswahlen sind die Unionsparteien und die SPD die wichtigsten Parteien. Beide zählen auch im internationalen Vergleich jeweils zu den größten Parteien ihrer jeweiligen Parteienfamilie. Allerdings waren CDU/CSU und SPD in der Regel nicht stark genug,

um auf Bundesebene allein zu regieren. Mit Ausnahme der
50,2 Prozent der CDU/CSU-Stimmen in der Bundestagswahl
1957 erreichte keine der Parteien bislang die absolute Mehrheit
der Stimmen und die Mehrheit der Sitze. Deshalb gingen auch
Gewinner einer Bundestagswahl immer Koalitionen ein. Meis-
tens waren das Koalitionen mit einer kleineren Partei, in der Regel
mit der FDP, oder mit mehreren kleineren Parteien, und zweimal
eine Große Koalition (1966–69 und seit 2005).

Vor 1998 war die Regierungsbeteiligung auf Bundesebene fast
ausschließlich eine Angelegenheit der etablierten Parteien, allen
voran für die Christdemokraten, gefolgt von der SPD und den
Liberalen. Nach der Zahl der Jahre war die FDP, obgleich sie
die kleinste der drei etablierten Parteien ist, länger an der Führung der Regierungsgeschäfte in der Bundesrepublik Deutschland beteiligt als irgendeine andere Partei, nämlich 41 Jahre im
Berichtszeitraum vom September 1949 bis Anfang Oktober
2008. Die SPD brachte es auf 26 Jahre (1966–1982 und 1998
bis 2008), die CDU/CSU auf 39 Jahre (1949–1969, 1982–
1998 und seit 2005). Die Kabinettssitzanteile lassen die parteipolitische Färbung der Bundesregierungen noch deutlicher her-
vortreten: Auf die christdemokratischen Parteien entfielen von
1949 bis Anfang Oktober 2005 auf Tagesbasis berechnet
49 Prozent der Kabinettssitze, auf die SPD 30 Prozent und auf
die FDP 15 Prozent. Die restlichen 6 Prozent kamen anderen
Parteien oder parteilosen Ministern zugute.

Stabilität war ein Markenzeichen fast aller Bundesregierungen. Die meisten Bundesregierungen amtierten bis zum Ende
der Legislaturperiode. Vier der insgesamt 16 Bundestagswahlen
wurden vorgezogen: die Wahl von 1972 (infolge des Verlustes
der Parlamentsmehrheit der sozialliberalen Koalition), die Wahl
von 1983 (infolge der vorgezogenen Neuwahl nach dem Machtwechsel vom 1.10.1982 von der SPD- zur CDU/CSU/FDP-
Regierung), die Wahl von 1990, die aufgrund der deutschen Einheit vorzeitig anberaumt wurde, und die Wahl vom 18.9.2005,
die durch Kanzler Schröders unechte Vertrauensfrage und die
vom Bundespräsidenten verfügte Auslösung des Bundestages zustande kam.

Die Bundesregierungen konnten sich bislang hoher Stabilität rühmen. Auch die Verweildauer der Minister im Amte ist in Deutschland erheblich länger als beispielsweise in Großbritannien. Zudem konnte eine größere Zahl von Bundesregierungen auf eine beachtliche Wählerstimmenmehrheit bauen. Allerdings schrumpfen diese Mehrheiten – mit Ausnahme der Großen Koalitionen. Bei der Bundestagswahl 1983 vereinte die damalige Regierungskoalition aus Unionsparteien und FDP 55,8 Prozent aller Wählerstimmen auf sich, 1987 53,4 und 1990 54,8 Prozent. Im Jahre 1994 aber fiel der Stimmenanteil der CDU/CSU/FDP-Regierung auf 48,3 Prozent. Die rot-grüne Koalition erreichte noch niedrigere Werte: 1998 47,6 und 2002 47,1 Prozent. Noch genauer erfasst wird der Schwund der Legislativmehrheiten, wenn nicht nur in Richtung der abgegebenen Wählerstimmen prozentuiert wird, sondern auf alle Wahlberechtigten. Dann zeigt sich, dass beispielsweise die rot-grüne Bundesregierung 2002 die Stimmen von nur 37,3 Prozent der Wahlberechtigten gewonnen hat. Gemessen an dieser Messlatte erreichten nur zwei Bundesregierungen in Deutschland Mehrheiten (abgesehen von den Großen Koalitionen): die CDU/CSU-geführten Regierungen von 1953 bis 1957 und von 1961 bis 1965.

Mehr noch: Deutschland ist im internationalen Vergleich ein Land, in dem die Wählerunterstützung der zentralstaatlichen Regierung in den beiden letzten Dekaden besonders auffällig abnimmt. Mittlerweile gilt Deutschland in der Fachliteratur als ein Staat mit «eher kleinen Legislativmehrheiten» einerseits und einem «hohen Vetospielerpotenzial» (Roland Czada) andererseits. Das zeigt knappe Konsensreserven im Ringen zwischen Regierung und Opposition an – ein Nachteil bei der politischen Gestaltung und eine Schwachstelle insbesondere bei unpopulären Reformen.

VI. Ein Staat mit 17 Regierungen

Einheitsstaaten wie Frankreich oder Großbritannien haben nur eine Regierung. Deutschland hingegen kann sich 17 Obrigkeiten zugute schreiben: eine amtiert als Regierung des Bundes, die anderen 16 regieren die Länder der Bundesrepublik. Die Bundesländer haben allesamt Attribute der Staatlichkeit: eine eigenständige Regierung mit landeseigener Verwaltung, ein Landesparlament und – bis auf Schleswig-Holstein – eine eigene Verfassungsgerichtsbarkeit. Auch hierin kommt ein Markenzeichen des Staates der Bundesrepublik Deutschland zum Ausdruck: Machtverteilung statt Machtkonzentration.

1. Die Bundesländer

Die Bundesländer sind von unterschiedlichster Gestalt: Es gibt Flächenstaaten und Stadtstaaten (Berlin, Bremen und Hamburg) sowie kleine und große Länder. Bremen ist mit rund 600 000 Einwohnern ein Kleinststaat, Nordrhein-Westfalen mit 18 Millionen aber größer als etliche Mitgliedstaaten der Europäischen Union. Neben wirtschafts- oder finanzstrukturschwachen Ländern mit hohen Arbeitslosenquoten – allen voran die neuen Bundesländer, aber auch das Saarland und Bremen – existieren strukturstarke Gliedstaaten wie Bayern, Baden-Württemberg und Hessen. Diese sind mit Nordrhein-Westfalen und Hamburg Geberländer im Länderfinanzausgleich. Sie mussten allein im Jahre 2006 rund 7,3 Milliarden Euro an die übrigen, allesamt ausgleichsberechtigten Länder abführen.

Auch die politische Kultur unterscheidet die Bundesländer. Zu ihnen gehören protestantische, katholische und konfessionell gemischte Länder sowie seit der Wiedervereinigung Gliedstaaten mit einer größtenteils konfessionslosen Bevölkerung – ein Erbe der rigorosen Entkirchlichungspolitik in der DDR. Überdies unterscheiden parteipolitische Konstellationen die Bundesländer. Mitte September 2008 beispielsweise steht eine Mehrheit von CDU- oder CSU-geführten Regierungen (Bayern, Baden-Württemberg, Hamburg, Hessen, Niedersachsen, Nordrhein-Westfalen, Saarland, Sachsen-Anhalt und Thüringen) einer Minderheit von SPD-dominierten Regierungen gegenüber (Berlin, Bremen und Rheinland-Pfalz). Große Koalitionen aus CDU und SPD amtieren in Brandenburg, Mecklenburg-Vorpommern, Schleswig-Holstein und Sachsen.

2. Mitregent und Vetospieler: der Bundesrat

Die Länder und die Ministerpräsidenten an ihrer Spitze spielen eine so wichtige Rolle, dass Deutschland als «Republik der Landesfürsten» (Winfried Steffani) gewertet wurde. Ohne die «Landesfürsten» läuft im Beziehungsgeflecht von Bund und Ländern in der Tat wenig. Besonders großen Einfluss erlangen die Länder auf die Bundespolitik durch den Bundesrat, ihre Vertretung auf Bundesebene. Durch den Bundesrat wirken die Länder bei der Gesetzgebung und Verwaltung des Bundes mit – und seit 1992 sogar in Angelegenheiten der Europäischen Union, was sich die Länder im Gegenzug zu ihrer Zustimmung zum Vertrag über die Europäische Union erstritten hatten und womit sie erstmals in die bis dahin vom Bund allein regierte Domäne der Außenpolitik eingebrochen waren.

Der Bundesrat ist weder ein Parlament noch eine Ständevertretung, sondern ein bürokratischer Rat, ja ein «Parlament der Oberregierungsräte», so Theodor Heuss, Deutschlands erster Bundespräsident. Der Bundesrat besteht aus mit imperativem Mandat ausgestatteten Mitgliedern der Regierungen der Länder. In ihn entsenden die Länder Vertreter ihrer Exekutive, also nicht Vertreter des Volkes wie in der Schweiz oder in den USA. Das Stimmengewicht im Bundesrat ist nach der Bevölkerungsgröße gestaffelt – ein weiterer Unterschied zur Schweiz und zu den USA, wo jeder Gliedstaat mit der gleichen Anzahl von Repräsentanten vertreten ist. Jedes Land führt im Bundesrat mindestens drei Stimmen. Länder mit mehr als zwei Millionen

Einwohnern haben vier, Länder mit mehr als sechs Millionen fünf und Gliedstaaten mit mehr als sieben Millionen Einwohnern seit 1990 sechs Stimmen. Die hierfür erforderliche Grundgesetzänderung gab den bevölkerungsstärksten Ländern – Bayern, Baden-Württemberg, Niedersachsen und Nordrhein-Westfalen – je eine Stimme mehr und verschaffte ihnen eine Ein-Drittel-Sperrminorität gegen die befürchtete Majorisierung durch die kleineren Länder.

Die Stimmen eines Bundeslandes dürfen nur einheitlich und nur durch anwesende Mitglieder oder deren Vertreter abgegeben werden. Wer das nicht beachtet, riskiert eine erfolgreiche Klage vor dem Bundesverfassungsgericht. So geschah es der rot-grünen Bundesregierung, als ihr Zuwanderungsgesetz im Jahre 2002 trotz uneinheitlicher Stimmabgabe des Landes Brandenburg mit tatkräftiger Hilfe des damaligen Bundesratspräsidenten Klaus Wowereit (SPD) durch den Bundesrat gezwängt wurde, was das Bundesverfassungsgericht auf Anrufung hin als verfassungswidrig einstufte.

Derzeit – Anfang Oktober 2008 – zählen im Bundesrat 69 Stimmen. Je drei Stimmen entfallen auf Bremen, Hamburg, Mecklenburg-Vorpommern und das Saarland. Baden-Württemberg, Bayern, Niedersachsen und Nordrhein-Westfalen führen sechs Stimmen, Hessen verfügt über fünf (vor 1996 vier) und die übrigen Bundesländer über vier Stimmen. Bremen ist weit überproportional vertreten, Nordrhein-Westfalen, Baden-Württemberg und Bayern sind weit unterrepräsentiert: Jede Bundesratsstimme Bremens steht für rund 200 000 Bremer, jede Bundesratsstimme Nordrhein-Westfalens aber vertritt mehr als drei Millionen Einwohner und jede Bundesratsstimme Bayerns und Baden-Württembergs immerhin jeweils rund zwei Millionen.

Auffällig ist auch die Verteilung der Bundesratsstimmen nach der Finanzkraft der Länder. Im Bundesrat des wiedervereinigten Deutschlands haben die finanzschwächeren, ausgleichsberechtigten Länder erstmals die Mehrheit. Die wohlhabenden Länder können von der Mehrheit der ärmeren Länder überstimmt werden. Das ist für die ärmeren Länder der Hebel, mit dem sie Reformen in Richtung eines Wettbewerbsföderalismus verhindern und die finanzkräftigen Länder zur Kasse bitten können.

Deutschlands politische Klasse rekrutiert sich fast ausschließlich aus politischen Parteien. Auch deshalb werten etliche Beobachter die Bundesrepublik als «Parteienstaat». Folgerichtig zählt der deutsche Bundesstaat als «Parteienbundesstaat» (Klaus von Beyme). Nicht zu Unrecht: im deutschen Föderalismus spielen die politischen Parteien eine herausragende Rolle. Allein deshalb ist die parteipolitische Verteilung der Bundesratsstimmen von größter Bedeutung. Diese Verteilung war beispielsweise in der 15. Wahlperiode besonders ungünstig für die rotgrüne Bundesregierung und günstig für die Oppositionspartei des Bundestages, die CDU/CSU: Die Bundesratsmehrheit lag seit der Landtagswahl in Sachsen-Anhalt von 2002 bei den CDU- oder CSU-dominierten Ländern. Die Bündnispartner der rotgrünen Bundesregierung, die SPD-geführten Landesregierungen, blieben weit unter der Bundesratsmehrheit von 35 Stimmen. Die restlichen Stimmen entfielen auf die CDU-SPD-Koalitionen in Bremen, Brandenburg und Sachsen.

2.1 Mitregierung der Länder an der Gesetzgebung. Diese Stimmenverteilung im Bundesrat ist folgenreich: Die Bundestagsopposition kann im Verein mit der Bundesratsmehrheit bei Vorhaben der Bundesregierung mitregieren, sofern die Opposition die Länderregierungen ihrer parteipolitischen Färbung auf ihre Linie bringt und die Bundesregierung kompromissbereit ist. Doch auch die Blockierung der Gesetzgebung durch die Bundesratsmehrheit ist unter diesen Bedingungen möglich. Deshalb gerät der deutsche Föderalismus des öfteren in den Ruf eines «Blockadeföderalismus». Zur Ehrenrettung der Beteiligten ist dies hinzuzufügen: Blockierungen der Gesetzgebung kommen vor, aber sie sind nicht der Normalfall. Allerdings werden hochwahrscheinliche Versperrungen von der gesetzgebenden Mehrheit im Bundestag antizipiert. Und bisweilen türmt die Bundesratsmehrheit unüberwindbare Hindernisse auf. Ein spektakuläres Beispiel ist die Blockade der Steuerreformvorhaben der Regierung Kohl, die die SPD-Opposition unter ihrem damaligen

Führer Lafontaine im Bundesrat 1997 herbeiführte. Ein weiteres Exempel statuierten die unionsgeführten Länder, als sie in der 15. Wahlperiode der rot-grünen Bundesregierung die Zustimmung zu den Subventionskürzungsvorhaben unter anderem bei der Eigenheimförderung verweigerten.

Die Bundesländer spielen über den Bundesrat in der Bundesgesetzgebung eine sehr wichtige Rolle – eine auch international außergewöhnliche Konstellation. Wie stark der Bundesrat an der Bundesgesetzgebung mitregiert, hängt davon ab, ob ein verfassungsänderndes Gesetz oder ein Zustimmungsgesetz oder ein Einspruchsgesetz zu beschließen ist.

Eine Verfassungsänderung erfordert eine Zweidrittelmehrheit im Bundestag und im Bundesrat. Die Zweidrittelmehrheit kann im Bundestag nur erreicht werden, wenn die größte Oppositionspartei zustimmt, jedenfalls solange die Bundesregierung nicht eine eigene Zweidrittelmehrheit zustande bringt. Die Zweidrittelmehrheit der Bundesratsstimmen macht zudem aus der Länderkammer einen Vetospieler, von dessen ausdrücklicher Zustimmung die vorgesehene Verfassungsänderung abhängt.

Damit nicht genug: Auch bei Zustimmungsgesetzen hält der Bundesrat eine starke Position. Zustimmungspflichtig sind Bundesgesetze, welche die bundesstaatliche Grundlage der Bundesrepublik Deutschland oder Hoheitsrechte der Länder berühren. Am Anfang der Bundesrepublik waren dies nur rund 40 Prozent der Bundesgesetze – bis zur Föderalismusreform 2006 waren es mehr als 50, mitunter mehr als 60 Prozent, unter ihnen die meisten der besonders wichtigen Gesetze. Seither ist der Anteil geringer. Ein Zustimmungsgesetz erfordert die ausdrückliche Zustimmung der Mehrheit der Stimmen des Bundesrats, andernfalls ist das Gesetz gescheitert. Auch diese Regel macht die Länderkammer zu einem Vetospieler – mit dem Unterschied, dass zur Zustimmung die einfache Mehrheit der Bundesratsstimmen genügt, nicht die Zweidrittelmehrheit wie bei einer Verfassungsänderung.

Handelt es sich nicht um zustimmungspflichtige Gesetze, sondern um so genannte Einspruchsgesetze, sind die Mitregierungschancen des Bundesrates geringer. Doch selbst in diesem Falle kann der Bundesrat gegen das vom Bundestag beschlossene Gesetz Einspruch einlegen. Tut er dies mit der Mehrheit der Bundesratsstimmen, kann das Veto vom Bundestag mit der Kanzlermehrheit zurückgewiesen werden. Hat aber der Bundesrat den Einspruch mit einer Zweidrittelmehrheit eingelegt, bedarf die Zurückweisung des Einspruchs durch den Bundestag sowohl der Kanzlermehrheit als auch der Zweidrittelmehrheit der Abstimmenden, so der Artikel 77 Absatz IV des Grundgesetzes. Andernfalls ist das Einspruchsgesetz gescheitert. Könnte eine Oppositionspartei im Bundesrat auf zwei Drittel der Stimmen zählen, würde sie eine Mehrheitswaffe führen, mit der sie die Gesetzgebung der Bundesregierung und der sie tragenden Parteien vollständig lahm legen oder in sämtlichen Gesetzgebungen zur Kooperation zwingen könnte.

Die Gesetzgebung in Deutschland erfordert mithin viel Kooperation zwischen der Bundesregierung und der sie tragenden Bundestagsmehrheit einerseits und der Mehrheit im Bundesrat andererseits. Vor allem aber setzen insbesondere zustimmungspflichtige Gesetze und Verfassungsänderungen voraus, dass die Regierungs- und zumindest die größte Oppositionspartei kooperieren. Je größer die Mehrheit der Stimmen im Bundesrat ist, auf welche die Oppositionspartei zählen kann, desto größer wird ihre Vetomacht und desto größer ist ihre Chance des effektiven Mitregierens. Der Gewinner einer Bundestagswahl kann demnach in Deutschland normalerweise nicht «durchregieren», so wie das der Gewinner einer Parlamentswahl eines Staates mit einem Einkammerparlament, beispielsweise Schweden seit 1971, tun kann. Der Gewinner einer Bundestagswahl kann nicht «durchregieren», es sei denn, er hätte eine kooperationswillige parteipolitische Mehrheit seiner Couleur auf seiner Seite. Doch das kam in Deutschland nicht allzu häufig vor: zuletzt in den Jahren von 1982 bis 1989 in der ersten Hälfte der Ära Kohl sowie zu Beginn der rot-grünen Regierung Schröder 1998 bis zur Hessenwahl 1999. Noch seltener waren Große Koalitionen, in denen die Chancen des «Durchregierens» im Grundsatz größer sind. Doch selbst in diesen Perioden wirkten die Interessengegensätze zwischen Bund und Ländern häufig den Vorhaben der Bundesregierung entgegen.

Die Gesetzgebung in Deutschland erzeugt einen massiven Kooperationszwang für Regierung und Opposition sowie für Bund und Länder, es sei denn, die Beteiligten nähmen Entscheidungsblockaden in Kauf. Die Kooperation bei zustimmungspflichtigen und bei verfassungsändernden Gesetzen aber setzt Kompromisse in einer großen Koalition von Bund und Ländern und einer (offenen oder verdeckten) Koalition zwischen Regierung und Opposition voraus. Sind die beteiligten Akteure kooperationswillig und -fähig, wird der Entscheidungsprozess nicht grundsätzlich gestört, jedoch meist erheblich verlangsamt. Zudem nimmt er konkordanzdemokratische – mittlerweile auch als «verhandlungsdemokratisch» bezeichnete – Formen an. Damit rückt eine Konfliktregel in den Vordergrund, die meist quer zur Konfliktregelung durch Mehrheitsentscheid steht. Kooperationsunwilligkeit oder -unfähigkeit der beteiligten Akteure aber würde eine allgemeine Blockade des politischen Entscheidungsprozesses herbeiführen.

Insoweit haben die politischen Institutionen der Bundesrepublik Deutschland einen Strukturdefekt: Sie sind anfälliger für politische Blockaden des Entscheidungsprozesses als von den Verfassungsgebern erhofft. Dass dieser Strukturmangel bislang nur begrenzt zum Zuge gekommen ist, war der prinzipiellen Kooperationsbereitschaft und -fähigkeit der wichtigsten politischen Akteure in Regierung und Opposition sowie in Bund und Ländern zu verdanken. Doch was nicht war, kann noch werden.

Die Mitwirkung der Länder an der Gesetzgebung erstreckt sich auch auf den Vermittlungsausschuss. Das ist der Gemeinsame Ausschuss von Bundestag und Bundesrat nach Artikel 77 II Grundgesetz, der im Falle von Streitigkeiten zwischen Bundestag und Bundesrat über den Inhalt einer Gesetzgebung vermitteln und eine Einigung herbeiführen soll. Seit der Einheit Deutschlands besteht der Vermittlungsausschuss aus jeweils 16 Mitgliedern des Bundestages und des Bundesrates. Zuvor waren es jeweils elf. Der Bundestag wählt seine Delegierten für die Dauer einer Legislaturperiode nach dem Stärkeverhältnis seiner Fraktionen. Die Mitglieder des Bundesrates werden von den einzelnen Landesregierungen entsandt. Sie sind im Unterschied zu den Ländervertretern im Bundesrat nicht an Weisungen gebunden. Der Vermittlungsausschuss besitzt den Schlüssel für die Auflösung von Blockaden des Gesetzgebungsprozesses. Deshalb werten ihn manche als den eigentlichen Gesetzgeber. Das ist übertrieben. Doch vor allem bei unterschiedlichen Mehrheiten im Bundestag und Bundesrat und einem Kräftepatt zwischen den parteipolitischen Lagern entscheiden die im Vermittlungsausschuss gebildeten Koalitionen darüber, ob ein Kompromiss über ein Gesetz gefunden wird, das zwischen Bund und Ländern und zwischen Regierung und Opposition strittig ist. In Zeiten übereinstimmender Mehrheiten von Bundestag und Bundesrat wird der Vermittlungsausschuss allerdings nur selten angerufen, so von 1982 bis 1989.

2.2 Mitwirkung der Länder in anderen Feldern: Verwaltung, Wahlen, Personal. Die Gesetzgebung in Deutschland ist unitarisch – bei gesicherter Mitwirkung der Länder. Die Verwaltung hingegen ist größtenteils Sache der Länder. Sie sind zuständig für den Vollzug der eigenen Gesetzgebung und für die Ausführung der Bundesgesetze als eigene Angelegenheit, soweit das Grundgesetz nichts anderes bestimmt oder zulässt. Bundeseigene Verwaltungen existieren nur in wenigen Bereichen, beispielsweise im Auswärtigen Dienst, in der Bundeswehr und in der Bundesfinanzverwaltung. Die Dominanz in der Staatsverwaltung verschafft den Ländern großen Einfluss: nachträglich, insbesondere durch Gestaltung des Gesetzesvollzugs, und im Vorfeld, vor allem dadurch, dass das Gewicht der Länder und die Expertise ihrer Verwaltungen oft schon im Stadium der Planung eines Gesetzentwurfs, spätestens bei der Beratung eines Gesetzes im Bundesrat, berücksichtigt werden. Insoweit ist Deutschlands Bundesstaat ein «Verwaltungsföderalismus», dessen Gliedstaaten mit der Verwaltung eines Großteils der Bundesgesetze betraut sind und auch hierbei politisch gestalten können, obgleich sie zahlreiche Kompetenzen an den Bund abgegeben haben.

Die Befugnisse des Bundesrates gehen weit über die Gesetzgebung und die Verwaltung hinaus. Er wirkt auch bei der Wahl wichtiger Entscheidungsträger mit, so bei der Wahl der Hälfte der Richter des Bundesverfassungsgerichtes und bei der Wahl der Richter der obersten Gerichte des Bundes. Außerdem erstrecken sich die Befugnisse des Bundesrates auf den Personalbereich und die Mitwirkung in Aufsichtsorganen des Bundes, beispielsweise durch Zustimmung zur Ernennung des Generalbundesanwaltes, durch Bestellung der Präsidenten der Landeszentralbanken oder dadurch, dass er seine Vertreter in den Vorstand und den Verwaltungsrat der Bundesagentur für Arbeit entsendet. Freilich sind die Mitwirkungsmöglichkeiten des Bundesrates bei solchen personalpolitischen Entscheidungen geringer als die des US-amerikanischen Senats, der Sonderkontrollrechte wie das Vetorecht bei allen wichtigen Personalentscheidungen besitzt.

Allerdings ist der Bundesrat berechtigt, das mächtige Bundesverfassungsgericht anzurufen, wenn er der begründeten Auffassung ist, dass andere Verfassungsorgane ihn in seinen Rechten oder Pflichten verletzten. Anrufungsberechtigt ist der Bundesrat ferner, wenn der Bundespräsident gegen Grundgesetz oder Bundesrecht verstoßen hat oder wenn eine politische Partei als verfassungswidrig erscheint.

Nicht zuletzt sieht das Grundgesetz vor, dass der Bundesrat am Management von verfassungspolitischen Krisen mitwirkt. So gehört er zu den drei Hauptakteuren im Falle des Gesetzgebungsnotstandes nach Artikel 81 Grundgesetz. Mit dem Gesetzgebungsnotstand kann für eine auf sechs Monate begrenzte Zeitdauer die Bundesregierung zusammen mit dem Bundesrat und dem Bundespräsidenten auch am Parlament vorbei regieren. Zudem ist der Bundesrat durch die Notstandsverfassung institutionell und verfahrensmäßig in alle Ausnahmemaßnahmen im Notstandsfall einbezogen.

3. Deutschlands föderalistischer Sonderweg:
der unitarische Bundesstaat

Der Föderalismus unterscheidet die Staatsorganisation der Bundesrepublik Deutschland nachhaltig von dem von Preußen dominierten «monarchisch-hegemonialen Bundesstaat» (Klaus von Beyme) des Deutschen Reichs von 1871, aber auch von dem einem dezentralen Einheitsstaat nahe kommenden Staat der Weimarer Republik und vor allem vom zentralistischen Einheitsstaat der NS-Diktatur und der DDR.

Aber auch im Vergleich zu modernen Bundesstaaten springen die Eigenheiten von Deutschlands Föderalismus nach 1949 ins Auge. Er ist als «unitarischer Bundesstaat» (Konrad Hesse) ein Unikat. Denn der «unitarische Bundesstaat» hat neben der Gliederung in Bund und Länder Eigenschaften eines Einheitsstaates: bundesweite Rechts- und Wirtschaftseinheit sowie Verpflichtung auf Einheitlichkeit oder Gleichwertigkeit der Lebensverhältnisse – ein sozialstaatliches Gebot, für das sich insbesondere die SPD bei den Beratungen über das Grundgesetz stark gemacht hatte. Und auf diese Einheitlichkeit oder Gleichwertigkeit der Lebensverhältnisse berufen sich seit 1949 mit großem Erfolg die Länderregierungen und Parteien, die zu Recht oder Unrecht befürchten, bei der Verteilung staatlicher Finanzmittel zu kurz zu kommen. Wie riskant es ist, an dem Einheitlichkeits- oder dem Gleichwertigkeitsgrundsatz zu rütteln, musste der frisch gekürte Bundespräsident Köhler erfahren, als er sich im Sommer 2004 gegen übermäßiges Streben nach Gleichwertigkeit mit dem alsbald heftig attackierten Argument wandte, hierdurch würde eine Subventionswirtschaft mit schweren Belastungen für zukünftige Generationen gepflegt. Köhler rief einen Sturm der Entrüstung bei den Umverteilungsgewinnern in den wirtschafts- oder finanzschwachen Ländern hervor. Und wie gut verankert und wirkungsmächtig diese Ländergruppe ist, zeigen die massiven grundgesetzlichen Festschreibungen des «sozialen Bundesstaates», ferner die umfassenden Geldzahlungen von West nach Ost im Rahmen des bis 2019 festgeschriebenen Solidarpaktes und schließlich die Mehrheit der finanzschwachen Länder im Bundesrat.

4. Polyzentrismus, Fragmentierung
und Politikverflechtung

Der Föderalismus hat wesentlich zur weit reichenden Fragmentierung des deutschen Staates beigetragen, damit die politische Macht ungewöhnlich breit gestreut und für einen auch weltweit beispiellosen Polyzentrismus gesorgt. Vom Polyzentrismus zeugen nicht nur die Existenz einer Bundesregierung und von 16 Landesregierungen, sondern auch die Delegation vieler öffentlicher Aufgaben an halb gesellschaftliche, halb staatliche Verbände sowie die regionale Streuung der Sitze wichtiger politischer Institutionen. Neben Berlin als Hauptstadt und Sitz des Berliner Senats gibt es bundesweit 15 weitere Standorte mit Regierungssitz – von Kiel bis München und von Saarbrücken bis Dresden. Über das Bundesgebiet verteilt sind ferner die Standorte anderer wichtiger Organe: Das Bundesverfassungsgericht ist in Karlsruhe beheimatet, ebenso der Bundesgerichtshof, das Bundesarbeitsgericht ist in Erfurt zu Hause, der Bundesfinanzhof residiert in München, das Bundessozialgericht in Kassel, das Bundesverwaltungsgericht in Berlin, die Deutsche Bundesbank und die Europäische Zentralbank haben ihren Standort in Frankfurt am Main, und die Bundesagentur für Arbeit hat ihren Sitz in Nürnberg errichtet.

Der föderalistische Polyzentrismus ergänzt die ohnehin schon ausgeprägte horizontale Fragmentierung der Staatsorganisation in vertikaler Richtung und vergrößert den hieraus erwachsenden Koordinationsbedarf zwischen Bund und Ländern und zwischen den Bundesländern. Die Exekutive in der Bundesrepublik ist nicht nur horizontal stark fragmentiert, vor allem durch die Gliederung in relativ stark departmentalisierte Ministerien, sondern auch vertikal: ein Innen-, ein Finanz-, ein Justiz-, ein Wissenschafts- oder ein Wirtschaftsministerium gibt es auf Bundesebene und in jedem Bundesland. Politik in Deutschland ist mithin in den meisten Feldern ein besonders kompliziertes Spiel mit vielen Mitwirkenden, mit mehreren Ebenen und großem Koordinationsbedarf. Noch weiter kompliziert wird dieses Spiel durch die europäische Ebene, die dem nationalstaatlichen Mehrebenensystem ein weiteres Stockwerk hinzufügt und durch Verlagerung von Entscheidungskompetenzen nach Brüssel die Politik auf nationalstaatlichen Ebenen ein Stück weit enteignet hat.

Allerdings wird die hochgradige Fragmentierung der Staatlichkeit in Deutschland durch eine weit reichende «Politikverflechtung» überbrückt, so der von Fritz W. Scharpf und Mitarbeitern geprägte Begriff. Damit ist die Verknüpfung der Entscheidungsstrukturen zwischen den Ländern sowie zwischen den Ländern und dem Bund gemeint – und Analoges gilt für Verknüpfungen insbesondere zwischen der Europäischen Union und dem Bund, eingeschränkt auch den Ländern. Die Politikverflechtung erstreckt sich auf die Gesetzgebung sowie auf die Planung und die Durchführung der Gemeinschaftsaufgaben von Bund und Ländern nach Artikel 91a und 91b des Grundgesetzes und der Investitionshilfen des Bundes nach Artikel 104b. Zudem schließt die Verflechtung von Bund und Ländern die öffentlichen Finanzen ein. Bei allen wichtigen Steuern liegt die Gesetzgebungszuständigkeit zwar beim Bund, doch die meisten Steuergesetze – und vor allem die wichtigsten Steuergesetze – erfordern die Zustimmung des Bundesrates. Änderungen der Steuerpolitik setzen somit in den meisten Fällen das Einvernehmen zwischen Bund und Ländern und somit auch zwischen Bundesregierung und Landesregierungen voraus. Das verwehrt dem Bund ebenso wie einzelnen Ländern steuerpolitische Alleingänge. Die Aufteilung der Steuereinnahmen verknüpft das Schicksal des Bundes ebenfalls mit dem der Länder. Die einträglichsten Steuern werden Bund und Ländern nach einem Verbundsystem mit einem Verteilungsschlüssel zugewiesen. Und nur wenige wichtige Steuern werden dem Bund oder den Ländern nach dem Trennsystem separat zugeteilt, z. B. dem Bund die Mineralölsteuer.

Auch auf der Ausgabenseite sind Bund und Länder miteinander verflochten. Es bestehen komplizierte Finanzausgleichssysteme zwischen wohlhabenden und weniger wohlhabenden Ländern sowie Finanzzuwendungen des Bundes für Sonderbedarfe der Länder. Besonders eng verflochten sind die Finanzierung der Gemeinschaftsaufgaben und Investitionshilfen sowie die Ausgabenzuständigkeit und Haftung gemäß Artikel 104a Grundgesetz. Auch die Verpflichtung auf ein Finanzgebaren, das stabilisierungspolitische Ziele einhalten soll, beispielsweise Obergrenzen für Neuverschuldung, kettet Bund und Länder aneinander.

Aus der weitgehenden Verschränkung von Bund und Ländern resultiert ein schwer durchschaubarer, die Verantwortlichkeiten verwischender «Verbundföderalismus» im Unterschied zum «Trennföderalismus» oder «dualen Föderalismus», der die Aufgaben und die Aufgabenwahrnehmung von Bund und Ländern trennt und für weit reichende Autonomie der Gliedstaaten sorgt. Zudem ist der deutsche Föderalismus exekutivlastig, nicht legislativlastig. Die Exekutive des Bundes und die der Länder spielen in ihm die erste Geige – und mit ihnen die dort verankerten regierenden Parteien. Deshalb erfordern alle kleineren oder großen Reformen des deutschen Föderalismus die Zustimmung von Bund und Ländern und faktisch auch von Regierungs- und Oppositionsparteien. Doch das legt die Hürden sehr hoch – vor und nach der Föderalismusreform 2006.

5. Hoher Kooperationsbedarf und Dauerwahlkampf

Die Gliederung in Bund und Länder und die Verschränkung der Exekutive des Bundes und der Gliedstaaten erzeugen einen sehr hohen Koordinations- und Kooperationsbedarf. Die Verschränkung von Bund und Ländern schließt Alleingänge der Bundesregierung oder einzelner Länder zwar nicht aus, aber diese sind politisch schwer durchzusetzen. Bei den meisten größeren Gesetzesvorhaben sitzen Bund und Länder in einem Boot. Das erfordert Zusammenwirken. Doch dem stehen auseinander strebende Kräfte entgegen. Zwischen Bund und Ländern und unter den Ländern herrscht Konkurrenz. Und zwischen ihnen bestehen harte Interessenkonflikte aufgrund unterschiedlicher Wirtschafts- und Finanzkraft, unterschiedlicher Probleme und divergierender politisch-kultureller Gegebenheiten. Hinzu kommt die Parteienpolitik. Nicht nur der Bundestag wird von den politischen Parteien geprägt, sondern auch der Bundesstaat.

Sein Charakter als «Parteienbundesstaat» bringt aber ein neues Konfliktmuster mit sich: Hier zählen nicht nur sachgerechte Kooperation und Arbeitsteilung, sondern auch Parteienstreit, Profilierung möglichst auf Kosten des anderen, Streben nach Mehrheitsherrschaft, nach Erhalt und Ausbau von Macht, also der Fähigkeit, den eigenen Willen auch gegen das Widerstreben anderer durchzusetzen.

Doch all dies gerät häufig in Konflikt mit dem Koordinations- und Kooperationsbedarf im Verbundföderalismus. Bestärkt wird diese Spannung durch die Dauerwahlkampfatmosphäre in Deutschland, die zustande kommt, weil das Zusammenwirken von Verbundföderalismus, Demokratie und Bundesrat jede Landtagswahl zu einer bundespolitisch wichtigen Veranstaltung macht: Jedes Landtagswahlergebnis wirkt auf die Stimmenverteilung im Bundesrat ein. Jedes Landtagswahlergebnis beeinflusst somit die Mitwirkungschancen der Länder bei der Bundesgesetzgebung und die Mitgestaltungschancen der Opposition. Der Dauerwahlkampf aber versetzt das Gemeinwesen in einen Zustand fieberhafter Erregung. Obendrein beschleunigt der immerwährende Wahlkampf den ohnehin schon kurzatmigen Zeittakt der Demokratie, der von Regierung und Opposition in kurzen Abständen sichtbare Erfolge oder begründete Aussicht auf baldigen Ertrag verlangt. Der kurze demokratische Zeittakt aber fördert die Neigung zu kurzfristiger Politik und verleitet dazu, langfristige Vorhaben mit größerem Verteilungs- und Umverteilungsgehalt hintanzustellen. Es ist deshalb nicht verwunderlich, wenn der deutsche Bundesstaat in den Verdacht gerät, eine Reformbremse zu sein.

6. Sozialstaatsföderalismus

Deutschlands Föderalismus ist in mancherlei Hinsicht ein Sonderfall. Davon zeugt auch die Koexistenz von Föderalismus und ausgebautem Sozialstaat im Lande. Die widerspricht den geläufigen Erwartungen an die Theorie und Praxis des Föderalismus. Dass der Föderalismus die Staatsgewalten zügeln und dem Staatsinterventionismus Einhalt gebieten würde, hatten vor allem liberale Theoretiker und Praktiker erhofft. Tatsächlich wird in vielen föderalistischen Staaten die Staatstätigkeit strenger gezügelt als in Einheitsstaaten. Die USA, Australien und lange Zeit auch die Schweiz sind Beispiele. Die Staatstätigkeit in Deutschland nahm jedoch einen anderen Weg: Zu ihm gehört nicht nur ein ehrgeiziger Sozialstaat, sondern auch ein «sozialer Bundesstaat», ein Sozialstaatsföderalismus mit ausgeprägter interregionaler Umverteilung. Die Umverteilung transferiert in großem Ausmaß Finanzmittel von den wirtschafts- und finanzkräftigeren Ländern zu den wirtschafts- und finanzschwächeren Ländern, und obendrein vom Bund zu den finanzschwächeren Ländern. Ergänzt wird der interregionale Umverteilungsmechanismus durch Umverteilungswirkungen der sozialen Sicherungssysteme – insbesondere in der Renten- und der Arbeitslosenversicherung. Denn auf die wirtschafts- und finanzschwachen Bundesländer entfällt ein überdurchschnittlich hoher Teil der Sozialleistungen, z. B. die Sozialhilfe, die Frühverrentungsangebote oder das Arbeitslosengeld und das Arbeitslosengeld II. Der Einbau von Ausgleichssystemen mit starker interregionaler Verteilung, wie der Risikostrukturausgleich zwischen den Krankenversicherungen mit günstigerem und Kassen mit ungünstigerem Risikoprofil, ist ein weiterer Umverteilungsmechanismus des «sozialen Bundesstaates».

7. Deutschlands Bundesstaat im Vergleich

Deutschlands Föderalismus unterscheidet sich markant von anderen Bundesstaaten. Vom Lehrbuchföderalismus trennen ihn sein quasi-unitarischer Charakter, die weit vorangeschrittene Politikverflechtung, der Verbundföderalismus, die Exekutivlastigkeit und der ausgebaute Sozialstaat einschließlich des «sozialen Bundesstaates». Deutschlands Verbundföderalismus unterscheidet sich ferner vom Trennföderalismus oder dem dualen Föderalismus, der weithin den US-amerikanischen Bundesstaat bis zum *New Deal* geprägt hatte, also von dem Bundesstaat, in dem Bund und Gliedstaaten in vielen Politikfeldern jeweils eigene Zuständigkeiten mit separaten Verwaltungsunterbauten haben.

Deutschlands Föderalismus unterscheidet sich außerdem vom Schweizer Bundesstaat. Dessen Kantone verfügen über weit größere Spielräume zur selbstständigen Politikplanung und -durchführung. Deutschlands Föderalismus unterscheidet sich ferner durch Zentripetalkräfte vom Bundesstaat Kanadas, den Fliehkräfte prägen, vor allem das Sezessionsstreben von Frankokanadiern. Im Vergleich zum österreichischen Bundesstaat hebt die größere Machtteilhabe der Länder an der Gesetzgebung, aber auch an der Staatsverwaltung, den bundesdeutschen Föderalismus hervor. Zudem unterscheidet sich der deutsche Föderalismus vom amerikanischen und vom schweizerischen Bundesstaat auch durch das Bundesratsprinzip anstelle des Senatsprinzips, das für jeden Gliedstaat eine gleiche Anzahl von gewählten Vertretern vorsieht.

Schlussendlich ist die hohe Spannung zwischen Kooperationsbedarf und Dauerwahlkampfatmosphäre ein weiteres Kennzeichen des deutschen Bundesstaates. Das weist auf ein allgemeineres Muster hin: Die häufigen Wahlen sowie die mit ihnen einhergehende Dauermobilisierung der Wähler und Dynamisierung hoher Erwartungen an die Politik bringen das politische System Deutschlands in Stress. Ein weiterer Stressfaktor kommt hinzu. Er entstammt der Spannung zwischen dem hohen Koordinations- und Kooperationsbedarf, den Deutschlands politische Institutionen von den beteiligten Akteuren verlangen, und den auf Kampf, Vorteilsergatterung, Machterwerb und Machterhalt gerichteten Prinzipien in der Politik, insbesondere im Parteienwettbewerb. Beide Stressfaktoren machen das Regieren in Deutschland noch komplizierter, als es ohnehin schon ist. Nicht selten verzögert dieser Stress die Wahrnehmung und die Behandlung politischer Probleme, sofern er nicht in Blockade endet. Das ist der allgemeine Hintergrund der Klagen über die Schwerbeweglichkeit des deutschen Föderalismus.

VII. Regieren mit Richtern

Deutschland hat nicht eine unbeschränkte, sondern eine eingehegte Demokratie. Hauptverantwortlich hierfür sind Durchkreuzungen des demokratischen Prinzips durch Föderalismus und Souveränitätstransfer an inter- und supranationale Organisationen. Die Zähmung der Politik durch die Judikative kommt hinzu, insbesondere die Bindung der Politik an die Verfassung und ihre Kontrolle durch die richterliche Nachprüfung des Handelns der Exekutive und der Legislative.

1. Verfassungspolitische Grundlagen und Organisation der Judikative

Die Judikative der Bundesrepublik ist – erstmals in der deutschen Verfassungsgeschichte – eine echte Dritte Gewalt, eine der Legislative und Exekutive gleichwertige Institution. Verfassungsrechtlich basiert die Judikative auf dem Prinzip der Unabhängigkeit der Justiz, dem Grundsatz der Kontrolle der Exekutive und der Legislative durch die Gerichtsbarkeit und das Bundesverfassungsgericht sowie auf dem Grundrechtskatalog des Grundgesetzes. Dieser schreibt die Einhaltung der Bürgerrechte und der politischen Teilhaberechte nach liberaler verfassungspolitischer Tradition vor. Die Grundrechte sind starke Schutz- und Abwehrrechte zugunsten der Bürger. Sie wurden mit dem Grundgesetz im Vergleich zur Weimarer Reichsverfassung substanziell erweitert und wirkungsvoll geschützt – beispielsweise durch die Einrichtung der Verfassungsbeschwerde beim Bundesverfassungsgericht und durch den Selbstschutz der politischen Ordnung gegen ihre Gegner.

Die rechtsprechende Gewalt in Deutschland ist ein Staatsmonopol. Sie ist einem besonderen Berufsstand anvertraut, den Richtern – und nicht direktdemokratisch gewählten Laien wie in der Demokratie im antiken Griechenland. Deutschlands rechtsprechende Gewalt gliedert sich – abgesehen von der Verfassungsgerichtsbarkeit und besonderen Gerichtsbarkeiten für Richter und Soldaten – in fünf Gerichtszweige: die Ordentliche Gerichtsbarkeit, die für Zivil- und Strafsachen zuständig ist, die Verwaltungsgerichtsbarkeit, die Finanzgerichtsbarkeit, die Arbeitsgerichtsbarkeit und die Sozialgerichtsbarkeit. Auch die Organisation der Gerichte weist auf die überragende Bedeutung des Föderalismus in Deutschland hin. Nur die obersten Gerichte sind Bundesgerichte: der Bundesgerichtshof in Karlsruhe, das Bundesverwaltungsgericht, das Bundessozialgericht, das Bundesarbeitsgericht und die Finanzgerichtsbarkeit. Alle anderen Gerichte auf mittlerer oder unterer Ebene sind Gerichte der Länder. Diese Arbeitsteilung sichert den Ländern auch in der Judikative beträchtliche Spielräume, zumal sie über die Verwaltung und die personelle Zusammensetzung und Ausstattung der Gerichte entscheiden. Überdies ist die Ausbildung von Juristen Ländersache. Nicht zuletzt sind die Länder für Juristen im Staatsdienst der Hauptarbeitgeber.

2. Der «Hüter der Verfassung»

Auch die Verfassungsgerichtsbarkeit in Deutschland ist föderalistisch gegliedert. Fast alle Bundesländer haben ein Landesverfassungsgericht. Für den Bund ist das Bundesverfassungsgericht zuständig, das 1951 gegründet wurde. Letzteres ist das tonangebende Gericht, ja der «Hüter der Verfassung».

2.1 Struktur. Das Bundesverfassungsgericht besteht seit 1962 aus zwei Senaten mit jeweils acht Richtern. Bis 1956 waren es zwölf Richter pro Senat und anschließend bis 1962 zehn. Ins Amt kommen die Bundesverfassungsrichter durch Wahl, nicht etwa durch Abordnung, Kooptation oder Los. Für ihre Wahl sind der Bundestag und der Bundesrat zuständig, und zwar gleichberechtigt. Die Bundesverfassungsrichter werden je zur Hälfte vom Wahlausschuss des Bundestages und vom Bundesrat jeweils mit Zweidrittelmehrheit gewählt. Die Zweidrittelmehr-

heit – bis 1956 galt die Dreiviertelmehrheit – soll die Mitwirkung
der parlamentarischen Opposition und im Bundesrat die Mitwirkung der Mehrheit der Länder an der Wahl sicherstellen. Die
Regeln zur Wahl der Bundesverfassungsrichter schreiben hohe
Schwellen für die Zustimmung vor, so hohe wie für Verfassungsänderungen. Die Wahl durch den Wahlausschuss des Bundestags
macht die Bundestagsopposition faktisch zum Vetospieler, und
die Zweidrittelmehrheit im Bundesrat stattet zudem eine Minderheit der Länder mit einer Vetoposition aus. Überwindbar sind
die hohen Zustimmungsschwellen bei der Wahl der Verfassungsrichter folglich nur durch zwei große Koalitionen: ein Bündnis
von Regierungsparteien und Bundesratsmehrheit und eine Allianz von Regierung und Opposition. Somit befestigen auch die
Regeln zur Wahl der Bundesverfassungsrichter eine Eigenheit
der Politik in Deutschland: den Zwang zur Kooperation für alle
Streitparteien im Bund und in den Ländern sowie für Regierung
und Opposition – sofern Blockierungen des Entscheidungsprozesses vermieden werden sollen.

Auch die Wahl des Präsidenten des Bundesverfassungsgerichts wird vom Prinzip der balancierten Machtverteilung zwischen Bund und Ländern geprägt: der Präsident oder die Präsidentin wird vom Bundestag und Bundesrat im Wechsel gewählt.

Die Amtszeit der Bundesverfassungsrichter währt mittlerweile zwölf Jahre, längstens bis zur Altersgrenze von 68 Lebens-
jahren. Wiederwahl ist ausgeschlossen. Diese Regelungen sollen
möglicher Einflussnahme von außen und möglicher politischer
Selbstbindung der Richter vorbeugen. Strenge Auflagen fachlicher Art kommen hinzu, allen voran die fachlich nachgewiese-
ne Befähigung zum Richteramt. Das soll für Sachkundigkeit
sorgen und der Parteipolitisierung vorbeugen. Beides wurde im
Wesentlichen erreicht – wenngleich die meisten Bundesverfassungsrichter Parteimitglieder sind, ein Anzeiger dafür, dass das
parteienstaatliche Element auch bei der Rekrutierung der Verfassungsrichter zum Zuge kommt.

Das Bundesverfassungsgericht ist mit weit reichenden Kompetenzen ausgerüstet – auch im Vergleich mit anderen Verfassungs-
gerichten. Seine Hauptzuständigkeiten liegen in fünf Feldern:

Regelung von Verfassungsstreitfragen zwischen Verfassungsorganen (beispielsweise zwischen Bund und Ländern), abstrakte Normenkontrolle (bei der die Gültigkeit von Rechtsvorschriften gerichtlich überprüft wird, und zwar losgelöst von einem konkreten Verfahren), konkrete Normenkontrolle (hier erfolgt die Überprüfung anhand eines konkreten Gerichtsverfahrens), Verfassungsbeschwerde sowie Demokratie- und Rechtsstaatssicherung (beispielsweise durch Verbot verfassungswidriger Parteien, Richteranklage oder Verwirkung von Grundrechten).

2.2. Die politische Bedeutung des Bundesverfassungsgerichts.
Beschlüsse des Bundesverfassungsgerichtes sind besonders wichtige Entscheidungen. Sie binden die übrigen Verfassungsorgane in der Exekutive und der Legislative sowie alle Gerichte und Behörden. Und weil die Substanz von Politik die Herstellung gesamtgesellschaftlich bindender Entscheidungen ist, spielt das Bundesverfassungsgericht eine politische Rolle von größter Bedeutung. Allerdings kann das Bundesverfassungsgericht nicht von sich aus tätig werden, sondern erst auf Anruf. Es soll ein passives Verfassungsgericht sein – was politisch besonders engagierte Verfassungsrichter mitunter dadurch zu umgehen suchen, dass sie die Exekutive oder Legislative zur Anrufung des Gerichts geradezu einladen. Der Konstruktion des passiven Verfassungsgerichtes aber liegt eine verfassungspolitische Weichenstellung zugrunde, die verhindern sollte, dass die Judikative zum Hegemon von Exekutive und Legislative wird.

Das Bundesverfassungsgericht ist der Konstruktion nach ein passives Verfassungsgericht, doch kann es als ein «Agendasetter» handeln, d. h. als ein Akteur, der die Tagesordnung oder den Aufgabenkatalog der Politik beschließt. Im Unterschied zu einem Vetospieler, der nur die Einspruchs- oder Abwehrkompetenz gegen Abweichungen vom Status quo hat, kann der «Agendasetter» den Status quo abändern – vor allem durch Entscheidungen über die Themen, die berücksichtigt werden sollen, die Priorität, die ihnen beigemessen wird, die Modalitäten der Themenerörterung und die Abstimmungsverfahren.

Überdies wirkt das Bundesverfassungsgericht als Mitregent

und mitunter sogar als «Parallelregierung».[18] Belege finden sich vor allem in Beschlüssen des Gerichtes, mit denen ein Gesetz für verfassungswidrig erklärt wird. Das ist nicht selten: das Bundesverfassungsgericht verwarf immerhin rund 5 Prozent der Gesetzesbeschlüsse des Bundestages aufgrund fehlender Verfassungsverträglichkeit als ungültig. Genauso folgenreich kann die Festlegung von sachlichen oder zeitlichen Vorgaben für den zukünftigen Gesetzgeber sein – eine Methode, mit der das Verfassungsgericht dem Gesetzgeber beispielsweise seit den 1980er Jahren massive familienpolitische Vorgaben mit erheblichen finanziellen Konsequenzen auferlegt hat.

Das Bundesverfassungsgericht wird auf Anruf tätig. Die Berechtigung für einen Antrag beim Bundesverfassungsgericht ist je nach Kompetenzbereich verschieden. Im Falle von Verfassungsbeschwerden, die den größten Geschäftsanteil des Gerichts ausmachen, sind betroffene Bürger antragsberechtigt. In Angelegenheiten der abstrakten Normenkontrolle sind die Bundesregierung, die Landesregierungen und ein Drittel der Mitglieder des Bundestages antragsberechtigt, also auch eine Oppositionspartei, sofern sie mindestens ein Drittel der Abgeordneten um sich schart. Zur konkreten Normenkontrolle kann jeder Gerichtshof einen Antrag stellen. Anträge auf Einstufung politischer Parteien als verfassungswidrig können vom Bundestag, vom Bundesrat und der Bundesregierung oder von den Länderparlamenten vorgetragen werden.

Verfassungsrechtlich und in der Verfassungswirklichkeit hat die Judikative in der Bundesrepublik eine stärkere Position inne als je zuvor in der deutschen Geschichte. Und besonders einflussreich ist das Bundesverfassungsgericht. Insoweit erfüllt die Judikative hierzulande mehr als je zuvor die ihr gemäß liberaler Verfassungstheorie zugedachten Funktionen: sie soll Rechtssicherheit und Rechtsschutz des Einzelnen gewährleisten, die Legislative und die Exekutive in die rechtlichen Schranken verweisen und die Staatsverfassung schützen.

Das Bundesverfassungsgericht hat die Politik in der Bundesrepublik Deutschland nachhaltig beeinflusst. Das Karlsruher Gericht fasste Beschlüsse über Fragen von zentraler politischer

Bedeutung, beispielsweise über die außenpolitischen Verträge mit den osteuropäischen sozialistischen Staaten seitens der SPD/FDP-Koalition in der Neuen Ostpolitik ab 1969 und die Überprüfung der Verfassungsverträglichkeit des Weges zur deutschen Einheit. In seiner Rolle als Wächter der Verfassung wurde das Bundesverfassungsgericht zu einem Fortentwickler der Verfassung und auch hierdurch zu einem zentralen Politikgestalter. Die Zielrichtungen schwankten, auch in Abhängigkeit vom Zeitgeist, aber zu den Konstanten gehören Schutz und Ausbau der Menschenrechte. Den Föderalismus hat das Karlsruher Gericht in besonderem Maße geschützt und zugleich in Richtung Verbundföderalismus geformt, mitunter mit Beschlüssen, die das Leitprinzip des «sozialen Bundesstaates» weiter aufwerteten, beispielsweise durch die Verpflichtung des Bundes zu Finanzzuwendungen an Bundesländer, die – zum Teil schuldhaft – in Haushaltsnotlagen geraten waren. Seit den Grundgesetzänderungen von 1994, die dem Bund den Durchgriff auf Länderdomänen erschwerten, verwies das Bundesverfassungsgericht wiederholt den Bund in die Schranken, so auch die Regierung Schröder bei ihrem Vorhaben, hochschul- und sonstige bildungspolitische Regelungen gegen die Länder, insbesondere gegen CDU- oder CSU-geführte Länder, durchzufechten, wie im Fall der rot-grünen Projekte Juniorprofessur, Verbot der Habilitation und bundesweites Verbot von Studiengebühren.

Beschlüsse des Karlsruher Gerichts zugunsten der Meinungs- und Pressefreiheit flankieren diese Weichenstellungen. Das Bundesverfassungsgericht hat auch zwei Parteien als verfassungsgegnerisch eingestuft: die Sozialistische Reichspartei, eine Nachfolgeorganisation der NSDAP, und die Deutsche Kommunistische Partei. Den Antrag der rot-grünen Bundesregierung auf ein Verbotsverfahren gegen die NPD wegen Verfassungsfeindlichkeit stellte das Bundesverfassungsgericht 2003 wegen schwer wiegender Verletzung von Verfahrensregeln ein: Das Verfahren leide unheilbar unter der extensiven nachrichtendienstlichen Beobachtung der NPD.

Interventionen des Bundesverfassungsgerichts in die Politik umfassen zahlreiche Regulierungen der Parteienfinanzierung.

Zudem wurden Fragen der Familienpolitik, der Geschlechter-
gleichheit und der Sozialpolitik dem Karlsruher Gericht vorge-
legt. Dabei setzte sich das Karlsruher Gericht nachhaltig für die
Förderung der verfassungsrechtlichen Gleichstellung von Mann
und Frau ein. Geradezu advokatorisch ist seine Rechtsprechung
in Fragen des Sozialschutzes für Familien mit Kindern, aber
auch für Alleinerziehende. Ferner sind Bestandsschutz und Ausbau von Bürgerrechten sowie die Stärkung des Status der Bürger gegen die öffentliche Verwaltung ein besonderes Anliegen des Bundesverfassungsgerichts. Nicht zuletzt aus diesem
Grund hat einer seiner Bewunderer das Bundesverfassungsgericht als die «späte Realisierung eines liberalen Traums aus
dem 19. Jahrhundert» gewertet (Erhard Blankenburg).

Dass bei verfassungsrichterlichen Beschlüssen Späne fallen,
ist unvermeidlich: «Ein gutes Verfassungsgericht tut weh – vor
allem den Regierenden», das hielt der Bundesverfassungsrichter
Udo di Fabio auf dem Juristentag 2004 der Kritik des Bundes-
tagspräsidenten Wolfgang Thierse entgegen, das Bundesverfassungsgericht handele «oft unberechenbar»: Mal schreibe es der
Politik detaillierte Vorgaben vor, dann wieder überlasse es ihr
die Entscheidung.[19]

Die Kritik ist nicht ohne weiteres von der Hand zu weisen,
denn die Karlsruher Richter sind dem richterlichen Aktivismus
nicht grundsätzlich abgeneigt, wenngleich sie mitunter auch
in politisch brisanten Fragen richterliche Zurückhaltung ge-
übt haben, so beim Kopftuchurteil und im August 2005 beim
Beschluss, die Auflösung des Bundestages gemäß Artikel 68
Grundgesetz (Vertrauensfrage) als rechtens einzustufen. Zudem
laboriert auch das Bundesverfassungsgericht an dem Problem
der «Unbeständigkeit der Zahl»: Schon eine Stimme Mehrheit
im zuständigen Senat kann faktisch über Verfassungsänderungen entscheiden, für die ansonsten im Parlament und im Bundesrat Zweidrittelmehrheiten erforderlich sind.

Dass das Bundesverfassungsgericht Entscheidungen mit An-
spruch auf gesamtgesellschaftliche Verbindlichkeit trifft und somit faktisch Politik macht, ist schon gesagt worden. In manchen
Fällen wurde das Verfassungsgericht zum zentralen politischen

Streitfragenschlichter gemacht – vor allem wenn die politischen Parteien ihm einen Streitfall vorlegten, den sie selber nicht lösen wollten oder konnten. Ein Beispiel ist der Beschluss des Bundesverfassungsgerichtes über die Rechtmäßigkeit des Einsatzes der Bundeswehr in «out-of-area»-Missionen, also in Kampfeinsätzen jenseits des durch den NATO-Vertrag abgedeckten Verteidigungsgebietes, so im Falle der militärischen Angriffe der NATO auf Milosevics Serbien in Reaktion auf den Kosovo-Krieg im Jahre 1999. Nicht selten schreibt das Bundesverfassungsgericht der Gesetzgebung den Inhalt zukünftiger Gesetze vor und bringt durch Weiterentwicklung der Verfassung bisweilen verfassungsändernde Politik zustande. Das ist der Hintergrund für die pointierte These, das Bundesverfassungsgericht sei «der ständige Ausschuß zur Fortentwicklung der Verfassung mit wachsender verfassungsändernder Machtausübung»[20] geworden.

Das Bundesverfassungsgericht ist eine mächtige politische Institution, und zugleich ist es populär. Die meisten Umfragen bescheinigen ihm eine sehr hohe Reputation, ja auch sehr hohes politisches Vertrauen. Der Anerkennung und dem Vertrauensvorschuss nach lässt das Bundesverfassungsgericht sogar alle anderen politischen Institutionen in Deutschland hinter sich. Die Anerkennung wird auch an anderer Stelle sichtbar: Die Urteile des Verfassungsgerichtes werden akzeptiert – wenn auch mit Murren und Maulen der Verlierer. Öffentliche Beschimpfungen des Bundesverfassungsgerichtes sind die Ausnahme geblieben. Aber großen Unmut hat das Bundesverfassungsgericht bei den Regierenden wiederholt erzeugt – vor allem mit den recht zahlreichen Beschlüssen, die den amtierenden Regierungen in die Quere kamen. Doch gerade das spricht für seine Unabhängigkeit.

Ohne die Rechtsprechung des Bundesverfassungsgerichts wäre Deutschland heute vermutlich ein anderes Land. Jedenfalls wurde die Bundesrepublik tief von den Beschlussfassungen des Bundesverfassungsgerichts geprägt. Nicht zu Unrecht hat Gerhard Casper in seiner Ansprache zum 50. Geburtstag des Gerichts die Bundesrepublik als die «Karlsruher Republik» bezeichnet. Deutschland ohne das Bundesverfassungsgericht wäre höchstwahrscheinlich ein Staat mit einem ungleich größeren

Aktionsradius der Politik und einem geringeren Ausmaß an Bürgerrechten und Bürgerrechtsschutz geworden – unter sonst gleichen Bedingungen. Auch das stützt die These, dass mit dem Bundesverfassungsgericht eine der seit 1949 wichtigsten politischen Innovationen in Deutschland auf den Weg gebracht wurde.

3. Alle Macht den Richtern?

Der hohe Stellenwert des Rechtes und das Wirken des Bundesverfassungsgerichts haben in der Bundesrepublik eine Judikative hervorgebracht, die stärker ist als je zuvor in der politischen Geschichte Deutschlands. Ferner trug die Einrichtung einer Verfassungsgerichtsbarkeit mit abstrakter und konkreter Normenkontrolle einerseits zur Juridifizierung der Gesetzgebung bei und andererseits zur Politisierung der verfassungsrichterlichen Nachprüfung von Handlungen der Legislative und der Exekutive. Die Gleichzeitigkeit von Juridifizierung und Politisierung entfaltete eine besonders tiefe Wirkung, und zwar im Sinne einer größeren Interdependenz von Legislative und Bundesverfassungsgericht und im Sinne der Dominierung des Politischen durch das Recht. Beides begrenzt allerdings den Gestaltungsspielraum der demokratisch gewählten Legislative und Exekutive – selbst wenn die vom Verfassungsgericht angestrebte Richtung mit den Politikpräferenzen der Legislative und Exekutive konvergierten, wie im Falle des Anspruchs des Verfassungsgerichts, eine Lobby zugunsten benachteiligter sozialer Gruppen zu sein, so die ehemalige Präsidentin des Bundesverfassungsgerichtes Jutta Limbach.[21]

Richterliche Nachprüfbarkeit des Tun und Lassens der Exekutive und der Legislative bedeutet in Wirklichkeit auch Regieren mit rechtlichen Mitteln. Es kann zum «Regieren mit Richtern» und im Grenzfall zum «Regieren durch Richter» kommen (Alec Stone Sweet). Dominiert das «Regieren durch Richter» alles andere, hätte sich der «demokratische Gesetzesstaat» in den «oligarchischen Richterstaat» verwandelt (Bernd Rüthers). In Wirklichkeit herrscht aber das «Regieren mit Richtern» vor.

Die Gründe sind zahlreich. Zu ihnen zählt die Beschränkung demokratischer Abstimmungen auf enge rechtliche Bahnen mit hohem Schutz für die Bürger- und die Teilhaberechte des Einzelnen und für die Staatsverfassung insgesamt. Legalistische Traditionen der politischen Kultur kommen hinzu. Nicht zuletzt stärken Selbstdefinitionen des Verfassungsgerichtes das «Regieren mit Richtern», beispielsweise die Neigung zu mitunter weiter Auslegung verfassungspolitischer Kompetenzen anstelle richterlicher Zurückhaltung bei politisch umstrittenen Streitfragen.

Trotz seiner Macht verkörpert das Bundesverfassungsgericht nicht eine «Gegenregierung». Es ist – wie schon erwähnt – hauptsächlich ein passives Verfassungsgericht. Obendrein ist es ein «hinkendes Verfassungsorgan», weil Organisation und Verfahren des Verfassungsgerichtes nicht von der Verfassung selbst geregelt werden, sondern vom Gesetzgeber. Ein Schelm, wer hierin nicht ein potenzielles Einfallstor für die politische Kontrolle des Bundesverfassungsgerichts sieht. Zudem kann der Gesetzgeber die Spielregeln für das Verfassungsgericht durch Verfassungsänderungen oder einfachgesetzliche Regelungen variieren. Überdies ist das Bundesverfassungsgericht finanziell abhängig von Zuwendungen des Parlaments. Auch kann es weder auf eine eigene Verwaltung noch auf einen eigenen Exekutivapparat zurückgreifen, wenn es um die Umsetzung seiner Beschlüsse geht. Die Umsetzung ist Sache anderer Institutionen – innerhalb und jenseits der Judikative.

Nicht zuletzt wird die personelle Zusammensetzung des Verfassungsgerichts von der Politik gesteuert. Obwohl mannigfache Sicherungen gegen parteipolitischen Missbrauch in die Wahlregularien eingebaut sind, ist pures parteipolitisches Wahlverhalten möglich. Und dass das parteienstaatliche Moment nicht vor den Toren der Verfassungsrichter Halt macht, kann man daran ablesen, dass die Parteimitgliedschaft unter den Verfassungsrichtern um ein Vielfaches höher ist als in anderen Elitegruppen außerhalb der politischen Elite im engeren Sinne. So waren im Zeitraum von 1951 bis 2000 28,5 % aller Bundesverfassungsrichter Parteimitglieder der CDU/CSU. Noch etwas höher war der SPD-Mitgliederanteil mit 34,2 %, während 3,4 % aller Richter Parteibücher der FDP hatten.[22]

Unter Umständen gerät das Verfassungsgericht auch an anderer Stelle in das Räderwerk des Parteienwettbewerbs. Der Opposition bieten die Prozeduren des Bundesverfassungsgerichts verlockende Möglichkeiten. Ein Einfallstor für die Oppositionsparteien ist die abstrakte Normenkontrolle: Ein Drittel der Bundestagsmitglieder kann beim Bundesverfassungsgericht ein Verfahren der abstrakten Normenkontrolle anstrengen. Dadurch kann eine Opposition, die mindestens ein Drittel der Parlamentssitze hält, Gesetzgebungsprojekte der Regierung vor das Verfassungsgericht bringen – in der Hoffnung, auf diesem Weg nachträglich die Regierungspolitik zu korrigieren oder zu durchkreuzen.

Ist das Bundesverfassungsgericht letztlich doch eine abhängige Variable der Politik? Nein. Denn es wurden Richter von meist ausgezeichneter fachlicher Qualität in das Bundesverfassungsgericht berufen, die aufgrund genauer Beobachtung durch die Fachöffentlichkeit nach fachlich gediegenen Beschlüssen und Begründungen streben müssen und tatsächlich streben. Dem kam zugute, dass der Anteil fachlich geschulter Richter zunahm.

4. Die Judikative im Spannungsfeld zwischen Nationalstaat und EU

Bis zu dieser Stelle wurde die Judikative aus dem Blickwinkel des Nationalstaates betrachtet. In Wirklichkeit aber ist Deutschland in eine Vielzahl inter- und transnationaler rechtlicher Netzwerke eingebunden. Besonders intensiv ist mittlerweile ihre Einbindung in die Europäische Union. Zur EU gehört die Rückwirkung des europäischen Rechtes auf das nationalstaatliche Recht. Das kann weit reichende Folgen haben. Die weitgehende Überformung des nationalstaatlichen Rechts durch das EU-Recht ist eine Möglichkeit. Durch die Rückwirkung des EU-Rechts auf die Nationalstaaten kann auch der demokratisch entscheidbare Spielraum in den EU-Mitgliedstaaten verringert werden. Mehr Europa hieße in diesem Fall weniger Demokratie – sofern nicht auf europäischer Ebene mehr demokratische Mitwirkung geschaffen würde. Zudem gibt es Konflikte zwischen dem EU-Recht und dem Recht der Mitgliedstaaten, die unter anderem in unterschiedlichen Rechtstraditionen wurzeln. Hier ist insbesondere die Differenz zwischen dem *Common Law* in Großbritannien und dem Recht in der Familie der romanischen Länder, der deutschsprachigen Länder, der nordischen Länderfamilie und der nachsozialistischen Ländergruppe wichtig. Ein Konfliktherd ist auch der potenzielle Zusammenprall von Normen des EU-Rechts und der EU-Praxis auf der einen Seite und Fundamentalnormen der Mitgliedsstaaten auf der anderen Seite, wie die Grundrechte des Grundgesetzes der Bundesrepublik Deutschland, oder der Zusammenprall der Strukturen der EU-Staatlichkeit auf der einen Seite mit dem mit verfassungsrechtlicher Ewigkeitsgarantie versehenen Föderalismus in Deutschland. Nicht zuletzt aus diesen Gründen gibt es erhebliche Spannungen zwischen dem Europäischen Gerichtshof und dem Bundesverfassungsgericht und allgemein zwischen dem europäischen Recht und dem Recht der Bundesrepublik Deutschland. Dem Grundgesetz zufolge sind die aktive Mitwirkung am Bau des europäischen Staatenverbandes und die Rückwirkung des EU-Rechts nur dann zulässig, wenn beide die Fundamentalnormen des Grundgesetzes nicht verletzen.

5. Bilanz: Suprematie des Rechts?

Das Recht ist in der Bundesrepublik Deutschland ein außerordentlich mächtiges Steuerungsmittel geworden. Als solches wird es weithin anerkannt. Insoweit könnte vermutet werden, dass das Recht und die Richterschaft die eigentlichen Herrscher der Bundesrepublik Deutschland sind. Also doch ein «Richterstaat» mit demokratischem Unterbau? Dagegen spricht, dass die Politik auch die Verfassung ändern kann – und damit das «Spielregelwerk» für sich und für die rechtsprechende Gewalt. Allerdings müssen diese Regelungen verfassungsverträglich sein. Machtaufteilung zwischen Politik und Recht kennzeichnet demnach die Lage, nicht Suprematie des Rechts oder Oberherrschaft der Politik.

VIII. Grundzüge der Innen- und Außenpolitik

Bis zu diesem Kapitel wurden die Institutionen, die Spielregeln und die Funktionsweise des politischen Systems in Deutschland porträtiert. Nun erfolgt ein Perspektivwechsel: jetzt wird nach den Produkten der Politik, dem politischen «Output» und seinen Ergebnissen in der Innen- und der Außenpolitik gefragt.

1. Ein Staat im Reformstau?

Hochgradige Machtaufteilung, Polyzentrismus und Souveränitätsbeschränkung kennzeichnen die politischen Institutionen und die politische Willensbildung in Deutschland. Daraus entstand eine föderalistische Mischform aus Mehrheits- und Konkordanzdemokratie. Diese und die Tatsache, dass das Recht und die Verfassungsgerichtsbarkeit die Politik in ihre Schranken weisen, machen Deutschland obendrein zu einem auch innenpolitisch «halbsouveränen» Staat. Hinzu kommen die außenpolitischen Souveränitätsbeschränkungen, die aus der Mitgliedschaft in inter- und supranationalen Organisationen resultieren. Politische Gestaltung und größere politische Kurswechsel sind unter diesen Umständen ein besonders schwieriges und meist zeitraubendes Unterfangen. Allein deshalb tut sich die Politik hierzulande mit beherzten Reformen schwer. Hierin liegt der tiefere Grund der Meinung, die Politik in Deutschland laboriere an unzureichender Anpassungsfähigkeit, ja an «politischem Immobilismus» und «Reformstau».

Für diese Sicht der Dinge gibt es Belege. Aber andere Befunde sprechen gegen die «Reformstau»-These. Denn trotz halbierter Souveränität kam eine Vielzahl kleinerer Korrekturen zustande, die sich zu erheblicher Flexibilität und Anpassungsfähigkeit addierten. Das zeigte schon Peter Katzenstein, der die Formel vom «semisouveränen Staat» der Bundesrepublik prägte. Überdies war der «halbsouveräne Staat» offensichtlich stark genug, um grundlegende Reformen zu planen und zu vollziehen – und das wird in Katzensteins Diagnose unterbelichtet und in der «Reformstau»-These ausgeblendet. Schlüsselentscheidungen in der Adenauer-Ära zur Beteiligung an der NATO und der damit erforderlichen Aufrüstung der Bundesrepublik sind Beispiele für große Politikänderungen, ebenso die Mitwirkung am Auf- und Ausbau der Europäischen Union sowie der Ausbau der Sozialpolitik zu einem schier allgegenwärtigen Sozialstaat. Auch die Große Koalition von 1966 bis 1969 kann sich Strukturreformen zugute schreiben. Sie reformierte die bundesstaatliche Finanzverfassung, modernisierte das Arsenal der Wirtschafts-, Finanz- und Arbeitsmarktpolitik und fügte dem Grundgesetz die Notstandsverfassung hinzu. Auch die nachfolgende SPD/FDP-Koalition von 1969 bis 1982 brachte bedeutende politische Neuerungen zustande, unter ihnen die «Neue Ostpolitik» und die «Politik der Inneren Reformen». Dass die Politik zur deutschen Einheit und zum Zwei-plus-vier-Vertrag Weichen grundlegend neu stellte, liegt auf der Hand. Ferner verkörpert die Ersetzung der Deutschen Mark durch die gemeinsame europäische Währung, den Euro, eine epochale wirtschaftspolitische Reform. Und dass die rot-grüne Bundesregierung weit reichende Politikänderungen plante und durchführte, ist ebenfalls offensichtlich. Die Reform der Staatsbürgerschaft 1998 und der Ausstieg aus der Atomenergie sind Kurswechsel von größter Wichtigkeit. Auch der Übergang von der rentenniveaufixierten zur einnahmenorientierten Alterssicherung in der ersten und zweiten Regierung Schröder ist eine folgenreiche Reform – ebenso die gegen heftigen Protest der Gewerkschaften und des linken SPD-Flügels durchgezogene «Agenda 2010». Schlussendlich hat auch die 2005 gebildete zweite Große Koalition größere Reformen auf den Weg gebracht, insbesondere die Verabschiedung der Föderalismusreform 2006 und die Erhöhung des Renteneintrittsalters auf 67. Der «halbsouveräne Staat», so zeigen diese Beispiele, war stark genug für Weichen stellende Reformen.

2. Außenpolitik:
Handelsstaat und Zivilmacht

In der Außenpolitik sind die Spielräume für tief greifende Kurs-änderungen mitunter sogar größer als in der Innenpolitik: Außenpolitik ist mehr als die Innenpolitik eine Domäne der Exe-kutive und eine Arena, in der die zahlreichen Schranken der Innenpolitik weitgehend fehlen. Andererseits sind Souveränitäts-transfers an inter- und supranationale Organisationen und be-trächtliche Außensteuerung Markenzeichen der deutschen Poli-tik seit 1949. Davon zeugen das Besatzungsstatut, die bis 1990 während en Vorbehaltsrechte der Alliierten und die Mitglied-schaft in der europäischen Staatengemeinschaft. Zudem akzep-tieren Regierung und Opposition seit der Geburtsstunde der Bundesrepublik die militärpolitischen Vorgaben der Siegermäch-te des Zweiten Weltkrieges. Zunächst umfassten diese das Verbot der Wiederbewaffnung. Doch auch nach der Wiederaufrüstung blieb der militärpolitische Spielraum der Bundesrepublik an einer entscheidenden Stelle gering: Deutschland musste vertrag-lich auf Nuklearwaffen verzichten. Auch dieses Verbot haben alle Regierungen und Oppositionsparteien der Bundesrepublik ak-zeptiert – in der Erwartung, die US-amerikanische Militärpolitik würde Deutschland gegen Bedrohungen mit atomaren, biologi-schen und chemischen Waffen schützen. Im Kalten Krieg war diese Erwartung plausibel. Doch fraglich ist, ob seit dem Ende des Kalten Krieges und angesichts des Streits zwischen der Bush-und der Schröder-Regierung um den Irak-Krieg die amerikani-sche Militärschutzgarantie für Deutschland auch heute noch gilt.

Das weist auf eine offene Flanke der deutschen Außen- und Sicherheitspolitik. Andererseits brachte der Verzicht auf eine eigenständige Sicherheitspolitik und die Absage an eine Macht-staatspolitik für Deutschland Vorteile: Beides bahnte den Weg zu einer Außenpolitik, die im Zeichen einer «Zivilmacht» und eines «Handelsstaates» anstelle eines Machtstaates steht. Die «Zivil-macht» und der «Handelsstaat» setzen auf Wohlfahrts- und Sicherheitsmehrung durch weiche Machtressourcen, insbeson-dere durch Handel, anstelle von Drohpolitik oder Kriegsführung, durch Multilateralismus anstelle von Unilateralismus und durch internationale Kooperation anstelle von aggressiver Expansion.

Die Einbindung der deutschen Außenpolitik in inter- und supranationale Organisationen entspricht durchaus den Interessen des Landes – und den Interessen der Nachbarstaaten und der Siegermächte des Zweiten Weltkrieges. Etwas unverblümt hat ein britischer Diplomat diesen Sachverhalt einmal mit der auf die militärische Integration gemünzten Formel ausgedrückt, die NATO sei «a device to keep the Americans in, the Russians out and the Germans down», also ein Instrument, um die Russen von Westeuropa fernzuhalten, die Amerikaner dort zu binden und die Deutschen am Boden zu halten. Das gelang – allerdings mit einer wichtigen Einschränkung: aus dem Am-Boden-Halten Deutschlands wurde dessen Aufstieg zu einer wichtigen Zivilmacht und einem wohlhabenden Handelsstaat.

Delegation vieler Souveränitätsrechte an supra- und internationale Organisationen zeichnet die Außenpolitik der Bundesrepublik aus. Allein das ist für einen Großstaat ungewöhnlich. Ferner förderte die deutsche Außenpolitik diese Delegation in besonderem Maße, wie ihre Mitwirkung in der Europäischen Union zeigt. Das stellt Weichen in der Außen- und in der Innenpolitik, weil das Europarecht und die europäische Politik auf die Mitgliedsstaaten rückwirken. Infolge der vertieften europäischen Integration insbesondere seit den 1980er Jahren betrifft der Souveränitätstransfer neben der Agrarpolitik und dem Außenhandel auch weite Bereiche der Wirtschaftspolitik, den Umweltschutz, das Verkehrswesen und seit der Einführung des Euros vollständig die Geldpolitik.

Alles in allem zeigen auch die auswärtigen Beziehungen, dass die Politik in der Bundesrepublik Deutschland gestaltungsfähig sein und bedeutende Weichenstellungen herbeiführen kann. Hätte es dafür eines weiteren Beweises bedurft, könnte man ihn daran ablesen, dass die Bundesrepublik Deutschland seit Mitte der 1990er Jahre an militärpolitischen Einsätzen außerhalb des Gebietes der NATO-Mitgliedstaaten mitwirkt.

3. Innenpolitische Weichenstellungen

Zu den Markenzeichen des politischen Systems in der Bundesrepublik zählen Machtaufteilung, hohe Mitregenten- und Veto-
spielerdichte sowie Konstitutionalisierung der Politik. Normalerweise würde davon die strenge Zügelung der Staatstätigkeit
erwartet. In Wirklichkeit hat aber die Politik in Deutschland an
einem Trend mitgewirkt, der meist nur Staaten mit größerem
Handlungsspielraum der Exekutive zugetraut wird: «Big Government», mehr Staat – durch Regulierung, Geldzahlungen
wie Altersrenten und Subventionen sowie Dienstleistungen, die
aus Sozialabgaben, Steuern, Gebühren oder Kreditmarktmitteln
finanziert werden.

Ein Anzeiger der Bedeutung des Staates ist die Staatsquote,
d. h. der Anteil aller öffentlichen Ausgaben von Bund, Ländern,
Gemeinden und Sozialversicherungseinrichtungen am Brutto-
inlandsprodukt, dem Wert der in einem Jahr im Inland pro-
duzierten Waren und Dienstleistungen. Die Staatsquote stieg
in Deutschland von 30,8 Prozent im Jahre 1950 zwischenzeitlich über die 50-Prozent-Marke und liegt mittlerweile bei
44,0 Prozent (2007).[23] Das Wachstum der Staatsausgaben kam
verschiedenen Politikbereichen zugute. In den 1950er Jahren
finanzierten die öffentlichen Haushalte hauptsächlich den wirtschaftlichen Wiederaufbau, die Wohnungswirtschaft, die Militärpolitik einschließlich der Wiederbewaffnung und die Sozialpolitik. Nach 1960 wurden die Staatsausgaben stärker auf die
Sozialpolitik und das Gesundheitswesen konzentriert, und bis
1975 profitierte auch das Ausbildungswesen überproportional
von den wachsenden öffentlichen Ausgaben. Seit der deutschen
Einheit kamen massive öffentliche Geldzahlungen von West-
nach Ostdeutschland hinzu, die sich jährlich brutto auf 4 bis
5 Prozent des Bruttoinlandsproduktes belaufen. 1995 sorgte die
Einrichtung der Pflegeversicherung für einen weiteren Ausbau
des Wohlfahrtsstaates. Aber auch die wachsenden Kosten des
Schuldendienstes für die beträchtlich gestiegene Staatsverschuldung machten sich zunehmend bemerkbar.

Am Auf- und Ausbau der Staatstätigkeit wirkten viele Kräfte

mit. Das hohe Wirtschaftswachstum der 1950er und 1960er Jahre füllte die Kassen der öffentlichen Haushalte und ließ die Finanzierung kostspieliger öffentlicher Angelegenheiten zu. Bedarf an staatlichen Leistungen gab es genug: Dafür sorgten die Kriegsfolgen, die Eingliederung von mehr als 11 Millionen Flüchtlingen und Vertriebenen, der Wiederaufbau der Wirtschaft, der Städte und der Infrastruktur, der Ausbau der Sozialpolitik und sicherheitspolitische Belange – um nur einige Beispiele zu erwähnen. Zu den Antriebskräften des Staatshandelns zählten sodann die Programmatik und Praxis der Parteien, allen voran die der Sozialstaatsparteien CDU, CSU und SPD. Nicht zu vergessen ist auch der durch regelmäßige Wahlen angestachelte Wettbewerb der Parteien um die Wählerstimmen. Zudem hinterließ die föderalistische Staatsorganisation tiefe Spuren auch in den Staatsfinanzen. Für den Ausbau der Staatstätigkeit war die Mitwirkung der Länder in der Gesetzgebung erforderlich. Bundestag und Bundesrat wählten bei der Finanzierung der zunehmenden Staatstätigkeit den folgenden Weg: Die volkswirtschaftliche Steuerquote, also der Anteil der Steuern am Sozialprodukt, wurde insgesamt nur wenig erhöht. Sie liegt derzeit bei knapp 25 Prozent.[24] Die zunehmende Staatstätigkeit wird hauptsächlich durch gestiegene Sozialabgaben der Arbeitnehmer und Arbeitgeber finanziert sowie durch höhere Gebühren für öffentliche Dienste und eine wachsende Staatsverschuldung.

Der Haushalt des Bundes hat mit dem Wachstum der Staatsausgaben an Gewicht hinzugewonnen. Doch relativ zum Sozialprodukt ist das Budget des Bundes mit maximal 15 Prozent bis heute im internationalen Vergleich klein. Das relativ schmale Budget des Bundes versperrte der Bundesregierung finanzpolitische Spielräume, wie sie in zentralisierten Einheitsstaaten gang und gäbe sind, und es erschwerte wirtschafts- oder beschäftigungspolitische Politiken nach Art der vom Keynesianismus befürworteten Steuerung der gesamtwirtschaftlichen Nachfrage.

Das ist der tiefere Grund für die finanz- und beschäftigungspolitische Schwäche der Bundesregierungen. An ihr verzweifelte schon so mancher Kanzler. Doch die finanz- und beschäftigungs-

politische Schwäche des Bundes erweist sich zusammen mit
der Preisstabilitätspolitik der Zentralbank als eine wirkungs-
volle institutionelle Sicherung gegen Inflation. Die Zentralbank-
autonomie und die Inflationsaversion der Bevölkerung geben
der Geldpolitik einen großen Spielraum. Außerdem hat sie den
weiteren Vorteil, dass ihr kein finanz- und beschäftigungs-
politisch ebenbürtiger Gegenspieler gegenübersteht – aufgrund
der Schwäche des bundesstaatlichen Haushaltes und der Auf-
splitterung der öffentlichen Haushalte insgesamt. Damit ist der
preisstabilitätspolitische Pfeiler der «Politik des mittleren Weges» angesprochen, der die Staatätigkeit in der Bundesrepublik
Deutschland kennzeichnet.

4. Die Politik des mittleren Weges

Die Wirtschafts- und Sozialpolitik der Bundesrepublik Deutschland hat – langfristig betrachtet – vier Schwerpunkte: 1) Vorrang
für Preisstabilitätspolitik (erforderlichenfalls unter Inkaufnah-
me von Massenarbeitslosigkeit), 2) zugleich aber – untypisch
für Länder mit ausgeprägter Preisstabilitätspolitik – das Streben
nach wirtschaftspolitischem Erfolg *und* nach einem starken Sozialstaat, 3) die Delegation vieler gemeinschaftlicher Aufgaben
an Assoziationen der Gesellschaft einschließlich der Delegation
der Lohnpolitik und eines beträchtlichen Teils der Sozialpolitik,
4) eine Staatsquote beträchtlicher Höhe, die hauptsächlich aus
Steuern und aus Sozialabgaben gespeist wird und einen relativ
transferintensiven Wohlfahrtsstaat finanziert – im Gegensatz
zum dienstleistungsintensiven Wohlfahrtsstaat wie in Großbritannien.

Deutschland wandelt mit diesen Schwerpunkten seiner Wirt-
schafts- und Sozialpolitik auf einem mittleren Weg. Es ist ein
Mittelweg zwischen dem nordeuropäischen Wohlfahrtskapitalismus, dessen Regierungen nach weitest möglicher sozialer
Gleichheit, umfassendem Schutz gegen Marktkräfte und hohem Beschäftigungsstand streben, und dem nordamerikanischen
marktorientierten Kapitalismus, dessen Regierungen dem Markt
Vorfahrt geben und den Staat am kürzeren Zügel führen. Die

politische Basis des nordeuropäischen Wohlfahrtskapitalismus besteht aus einer starken sozialdemokratischen Partei und hoch organisierten Gewerkschaften. Die nordamerikanische Wirtschafts- und Sozialpolitik gründet hingegen auf der Dominanz der demokratischen Rechten (in Gestalt der Republikaner) und der Mitte (in Form der Demokratischen Partei). Der politisch-ökonomische Pfad der Bundesrepublik Deutschland schließlich basiert auf einer zentristischen Machtverteilung. Diese ergibt sich aus viererlei: 1) der zur Mitte hin geneigten parteipolitischen Färbung der Regierungen in Bund und Ländern, 2) einer politischen Institutionenordnung, die den Bundestag und den Bundesrat sowie Regierung und Opposition bei wichtigen Gesetzesvorhaben zur Kooperation zwingt – sofern die Blockade des Entscheidungsprozesses vermieden werden soll, 3) der sozialpartnerschaftlichen Arbeitsbeziehungen zwischen den Arbeitgeber- und den Arbeitnehmerverbänden und 4) umfänglicher paritätischer Verbändebeteiligung an sektoralen Politikfeldern – von der Arbeitsmarktpolitik bis zum Gesundheitswesen.

Deutschlands Politik des mittleren Weges ist tief verankert. Eine ihrer Wurzeln reicht zurück zur Tradition der staatlichen Sozialfürsorge und der Staatsaufsicht über die Wirtschaft. Zu dieser Tradition gehört Deutschlands Rolle als Pionier der Sozialpolitik in den 1880er Jahren, die in der Weimarer Republik und vor allem in der Bundesrepublik zu einem ehrgeizigen Wohlfahrtsstaat ausgebaut wurde. Die zweite Wurzel des mittleren Weges sind die korporatistischen Beziehungen zwischen Staat und Verbänden, die im Deutschen Reich von 1871 schon angelegt wurden. Sie manifestieren sich auch nach 1949 vor allem in den sozialpartnerschaftlichen Arbeitsbeziehungen, der Tarifautonomie und der Kooperation von Gewerkschaften und Arbeitgeberverbänden in der Verwaltung der Arbeitsmarktpolitik und der Alterssicherung. Das Lernen aus ökonomischen und politischen Katastrophen in der deutschen Geschichte gehört ebenfalls zu den Wurzeln des mittleren Weges. Zu diesem Lernprozess gehört das Bestreben, die politischen Institutionen nach 1945 so zu gestalten, dass der Wiederaufstieg eines totalitären Einheitsstaates ebenso verhindert wird wie eine Wirtschafts-

und Finanzpolitik, die in einer Hyperinflation endet. Zu dem
hierauf gegründeten Institutionenneubau gehören die Delegation öffentlicher Aufgaben an gesellschaftliche Verbände, eine
autonome Zentralbank und eine infolge des Föderalismus frag-
mentierte öffentliche Finanzpolitik, die beide wiederum der
preisstabilitätsorientierten Geldpolitik zugute kamen.

Zu den neuen politischen Rahmenbedingungen nach 1949
zählen auch die Dauerwahlkampfatmosphäre, für die die Bun-
destags- und die Landtagswahlen sorgen, und der Parteienwettbewerb, insbesondere das Ringen der drei Sozialstaatsparteien
CDU, CSU und SPD um Wählerstimmen. Dauerwahlkampf und
Parteienwettbewerb kamen insbesondere auch dem sozialpolitischen Pfeiler des mittleren Weges zugute. Weil zudem mehr als
ein Drittel der Wähler seinen Lebensunterhalt mittlerweile überwiegend aus Arbeit im Sozialstaat oder aus Sozialeinkommen
bestreitet, bekommt der Sozialstaatsauftrag für die Politik noch
mehr Gewicht. Das gilt selbst für wirtschaftlich schwierige Zeiten und für Zeiten zunehmender wirtschafts- und beschäftigungspolitischer Kosten der Sozialpolitik, wie seit den 1990er
Jahren.

5. Politische Manövrierfähigkeit
trotz enger Spielräume

Wie die Außen- und Innenpolitik der Bundesrepublik Deutschland zeigt, sind hierzulande politische Reformen machbar – trotz
Machtaufteilung, Polyzentrismus und Souveränitätsbeschränkung. Insoweit spricht viel gegen die populäre These, dass
Deutschland an Politikimmobilismus oder gar an Reformstau laboriere. Deutschlands Politik ist in Wirklichkeit viel beweglicher. Allerdings erfolgen die Reaktionen typischerweise mit beträchtlicher Verzögerung, benötigen zur Willensbildung und
Intervention meist einen langen Zeitraum und arbeiten überdies
die Probleme in der Regel nach der Salamitaktik ab: scheibchen-
weise. Davon weiter unten mehr. Hier soll zunächst erörtert werden, warum trotz Machtaufteilung und vieler Mitregenten und
Vetospieler kleinere und größere Reformen möglich sind und
realisiert wurden.

Dabei sind grundsätzlich zwei Wege zu Reformen zu unterscheiden. Ein Weg basiert auf einer (formellen oder informellen)
großen Koalition aus CDU/CSU und SPD sowie einer Koalition
von Bund und Ländern. Dieser Weg wurde beispielsweise bei
der Gesetzgebung zur deutschen Einheit und im Wesentlichen
bei allen europapolitischen Weichenstellungen beschritten, auch
bei der Einführung des Euros. Der zweite Weg zu einer tief grei-
fenden Reform basiert hingegen auf übereinstimmenden Mehrheiten im Bundestag und im Bundesrat, also auf einem Bündnis
der im Bund regierenden Parteien und ihrer Regierung auf der
einen Seite und der Bundesratsmehrheit auf der anderen Seite.

Überdies vergrößern manche Strategien den Handlungsspielraum der politischen Führung trotz Machtaufteilung, Vetospielern und Mitregenten. Das Umgehen von Vetospielern ist ein
möglicher Ausweg. Ihn wählte beispielsweise die Regierung
Kohl nach dem Regierungswechsel von 1982. Die Regierung
Kohl verzichtete auf Gesetze, die eine Zweidrittelmehrheit im
Bundestag und im Bundesrat erfordert und somit die Zustimmung der Opposition vorausgesetzt hätten – beschnitt damit
aber auch ihren Handlungsspielraum.

Teile-und-herrsche-Strategien sind eine andere vielverspre-
chende Vorgehensweise zum Aufbrechen von Restriktionen.
Von Teile-und-herrsche-Strategien machten alle Bundesregierungen Gebrauch, beispielsweise durch besondere finanzielle
Zuwendungen des Bundes für das eine oder andere finanzschwä-
chere Bundesland.

Überdies können Regierungen Verhandlungsrunden außerhalb der durch Gesetz oder Verfassung vorgesehenen Bahnen
organisieren, um dort Entscheidungen vorzubereiten. Runde
Tische oder Bündnisse mit gegnerischen Verbänden sind ebenso
Beispiele wie die Bildung von überwiegend parteipolitisch
homogenen Verhandlungsrunden außerhalb der Regierung und
außerhalb des Parlaments.

Sodann kommt die aktive Mobilisierung von Zustimmung
für Projekte, die weithin als Vorhaben von nationaler Bedeutung gelten, in Frage. Die Rentenreform im Jahre 1989 ist hierfür ein Beispiel. Sie war bis dahin das einzige Gesetz, bei dem

die Regierung Kohl auf die Mitwirkung der oppositionellen SPD, der Gewerkschaften und der Arbeitgeber hinwirkte – aktiv und mit Erfolg.

Zum Aufbrechen von Begrenzungen der Politik eignet sich schlussendlich eine Mixtur von klientelorientierter Politik und Strategien einer «Allerweltspartei», die auf die allgemeine Öffentlichkeit zielt, teilweise parteienübergreifend vorgeht und teilweise in Themenfelder der Konkurrenz eindringt. Auch das gehört zum Repertoire beider großer Parteien der Bundesrepublik.

6. Ungelöste Probleme

Die Politik in Deutschland ist beweglicher und insgesamt reformfreundlicher, als es ihr Ruf erwarten lässt. Dennoch sind etliche drängende Probleme nicht oder unzureichend gelöst worden. Das ist ein harter Beleg für Schwächen der Politik in Deutschland. Zu ihren Schwächen gehört ein eigentümlicher Zeittakt. Aufgrund der vielen Mitregenten und Vetospieler sowie als Folge der hohen Kooperationserfordernisse neigt die Politik zu langsamer Reaktion, langwieriger Willensbildung und scheibchenweiser Problemabarbeitung. Im ungünstigsten Fall dauert es mehrere Jahrzehnte bis die wichtigsten politischen Akteure Strukturprobleme wahrnehmen. Dass die Alterung der deutschen Gesellschaft ein gewaltiges Problem für die Politik werden könnte, insbesondere für die Sozialpolitik, ist nicht erst seit heute bekannt, sondern seit mehreren Dekaden. Doch die Politik reagierte auf die Alterung der Gesellschaft mit großer Verzögerung, gemächlich, in Trippelschritten und mit Hinhaltemanövern. Und selbst als nicht nur die Unionsparteien, sondern auch die zweite Sozialstaatspartei, die SPD, in der 15. Wahlperiode mit ihrer «Agenda 2010» sozialpolitisch energischer auf die Alterung der Gesellschaft und die Wachstumsschwäche der Wirtschaft reagierte, war dies höchst unpopulär.

Aber nicht nur zeitverzögerte Problemwahrnehmung und Problembehandlung sind Schwächen der deutschen Politik. Die Politik traf auch mitunter widersprüchliche Entscheidungen. Für den Auf- und Ausbau der Atomenergie mochte es gute

Gründe geben, doch dass Atomkraftwerke ausgerechnet in erdbebengefährdeten Gebieten oder nahe bei Großstädten gebaut wurden, ist unter dem Aspekt der Krisenvorsorge schwer begreiflich. Und dass man dies in Zeiten des Kalten Krieges tat und keinen glaubwürdigen Schutz gegen militärische Attacken auf Kernkraftwerke gewährleisten konnte, ist ebenfalls eine Fehlleistung der Energie- und Sicherheitspolitik. Doch auch der Ausstieg aus der Atomenergie ist ein fragwürdiges Unternehmen – solange eine gesicherte Alternativenergieversorgung nicht in Sicht ist. Ferner zählt die zögerliche Haltung zur Massenarbeitslosigkeit hierzulande zu den notorischen Schwächen von Regierung, Opposition und Wirtschaftsverbänden. Mit Ausnahme weniger vorsichtiger Schachzüge schreckten Regierung, Opposition und Wirtschaftsverbände davor zurück, in größerem Umfang die erforderliche Liberalisierung der Arbeitsmärkte anzupacken, die Steuer-, Sozial- und Arbeitszeitpolitik beschäftigungsfreundlich zu ordnen, die Überreglementierung abzubauen und Tarifverträge der Arbeitgeber und der Gewerkschaften zu Lasten Dritter einzudämmen.

Auch bei den öffentlichen Finanzen besteht Handlungsbedarf. Deutschlands Steuer- und Abgabenzahler haben sich offenbar mit einer Staatsquote von knapp unter 50 Prozent leidlich abgefunden, allerdings um den Preis massiver Abwanderung in die Schattenwirtschaft. Damit ist höchstwahrscheinlich eine Obergrenze für die relative Größe von ausgabenintensiven Staatsaufgaben festgeschrieben. Da aber alle Regierungen zugleich eine ehrgeizige Sozialstaatspolitik mit hohen Folgekosten praktizieren, entfällt ein großer und höchstwahrscheinlich weiter zunehmender Teil der öffentlichen Ausgaben in Deutschland auf die Finanzierung der Sozialpolitik. Die Kehrseite ist die Unterfinanzierung vieler Aufgabenfelder jenseits der Sozialpolitik, z.B. des Bildungswesens. Obendrein werden die Staatsfinanzen durch den Schuldendienst verknappt, der derzeit rund 3 Prozent des Bruttoinlandsproduktes jährlich konsumiert, was rund 6 Prozent aller öffentlichen Ausgaben entspricht.

Diese Finanzierungslage erzeugt Engpässe bei der Ausstattung von Politikfeldern wie der Verteidigung, deren Ausgabenanteil am Sozialprodukt nur noch ein Drittel des Ausgabenanteils der Fünfzigerjahre umfasst, und dem Bildungswesen, dessen öffentliche Finanzierung in Deutschland auch im internationalen Vergleich bestenfalls nur mittelmäßig ist. Ausstattungsdefizite verunzieren noch viele andere Politikfelder, beispielsweise die Forschung und Entwicklung und die öffentliche Infrastruktur. Weil absehbar ist, dass die Sozialpolitik weiterhin nicht weniger kosten wird, sondern mehr, wird der Engpass zu Lasten der Politikfelder außerhalb der sozialen Sicherung voraussichtlich fortgeschrieben. Es ist im politischen Getriebe der Bundesrepublik nichts in Sicht, was daran Entscheidendes ändern würde.

Das weist auf einen weiteren Mangel der politischen Steuerung in Deutschland hin. Sie war hinreichend wirkungsmächtig, um im Zeichen voller Kassen und hohen Wirtschaftswachstums Auf- und Ausbaureformen voranzubringen. Bei den nunmehr fällig werdenden Sanierungsreformen tut sich die Politik hierzulande allerdings schwer. Manche der Sanierungsreformen werden angegangen, aber die Dosierung ist relativ zum Regelungsbedarf zu knapp.

Insoweit laboriert das politische System der Bundesrepublik Deutschland an beträchtlichen Schwächen. Darüber kann die Einsicht nicht hinwegtrösten, dass die Politik nicht oder nicht vorrangig nach Problemlösungen strebt, auch wenn die politische Klasse anderes behauptet. Die Spielregeln der Politik geben vielmehr Vorfahrt für den Kampf um die Machtverteilung sowie für die Werbung von Bündnisgenossen und Gefolgschaft – und in diesen Grenzen auch für politische Gestaltung einschließlich der Gestaltung von Sanierungsreformen.

Die Schwächen der Politik in Deutschland müssen allerdings mit ihren Erfolgen verrechnet werden. Zu ihnen gehören die Verwurzelung einer verfassungsstaatlich gezügelten Demokratie, die politische und gesellschaftliche Stabilität, die Einbindung der politischen Opposition und die Integration der neuen Bundesländer. Und nicht übersehen sollten die Beobachter, dass die Politik in der Bundesrepublik nicht zerstörerisch oder selbstzerstörerisch wirkte – wie beispielsweise die NS-Diktatur, der

DDR-Sozialismus oder kleptokratische Regime in der Dritten Welt. Etliche Beobachter werten angesichts dieser und anderer Erfahrungen die Politik der Bundesrepublik als «Erfolgsstory». Das ist angesichts der Schwächen bei der Problemwahrnehmung und -bewältigung zuviel des Lobs. Aber zweifelsohne verdient das politische System der Bundesrepublik Deutschland insgesamt bislang viel bessere Noten als ihm 1949 selbst die kühnsten Optimisten zutrauten.

Anmerkungen

1 So die im Folgenden verwendete Kurzform für Bundesrepublik Deutschland.

2 Lijphart, Arend: Patterns of Democracy. Government Forms and Performance in Thirty-Six Countries, New Haven/London 1999.

3 Vorländer, Hans: Die Verfassung. Idee und Geschichte, München 1999, S. 10.

4 Vgl. Freedom House: Freedom in the World. The Annual Survey of Political Rights & Civil Liberties 2007, Washington D. C. – New York 2007.

5 Luhmann, Niklas: Das Recht der Gesellschaft, Frankfurt a. M. 1993, S. 442.

6 Kielmansegg, Peter Graf: Integration und Demokratie (mit Nachwort zur 2. Auflage), in: Jachtenfuchs, Markus/Kohler-Koch, Beate (Hg.), Europäische Integration, Opladen 2003, S. 49–84, Zitat S. 58.

7 Darnstädt, Thomas: Die verstaubte Verfassung, in: Der Spiegel Nr. 20/2003, S. 34–49, Nr. 21/2003, S. 52–65 und Nr. 22/2003, S. 56–66.

8 von Beyme, Klaus: Das politische System der Bundesrepublik Deutschland, Wiesbaden 2004, S. 48.

9 Schmidt, Manfred G.: Political Institutions in the Federal Republic of Germany, Oxford 2003, S. 201–213.

10 In Einerwahlkreisen werden die Stimmen auf ein Mandat verrechnet, im Mehrmann- oder Mehrpersonenwahlkreis auf mindestens zwei Mandate.

11 Vgl. Forschungsgruppe Wahlen: Bundestagswahl. Eine Analyse der Wahl vom 18. September 2005. Vorläufige Fassung, Mannheim 2005 und ARD-Wahlarchiv; DER SPIEGEL Wahlsonderheft '05, Hamburg 2005, S. 62.

12 FAZ vom 8.7.1995, S. 11.

13 Weber, Jürgen: Interessengruppen im politischen System der Bundesrepublik Deutschland, München 1976, S. 77.

14 Vowe, Gerhard: Massenmedien, in: Andersen, Uwe/Woyke, Wichard (Hg.), Handwörterbuch des politischen Systems der Bundesrepublik Deutschland, Opladen 2003, 385–394, S. 392.

15 Meyer, Thomas: Mediokratie. Die Kolonialisierung der Politik durch die Medien, Frankfurt a. M. 2001.

16 Sarcinelli, Ulrich: Öffentliche Meinung, in: Andersen, Uwe/Woyke, Wichard (Hg.), Handwörterbuch des politischen Systems der Bundesrepublik Deutschland, Opladen 2003, S. 445.

17 Vgl. Kapitel 6.

18 Papier, Hans-Jürgen: Teilhaber in der Staatsleitung. Verfassungsgerichtsbarkeit und Politik, in: FAZ Nr. 119, 23.5.2000, S. 15.

19 FAZ Nr. 223, 24.9.2004, S. 6.

20 Rüthers, Bernd: Diener oder Herren?, in: FAZ Nr. 27, 2.2.2005, S. 7.
21 Der Spiegel Nr. 30/2002.
22 Wagschal, Uwe: Der Parteienstaat der Bundesrepublik Deutschland: Parteipolitische Zusammensetzung seiner Schlüsselpositionen, in: Zeitschrift für Parlamentsfragen Jg. 32, 2001, S. 861–886. Ähnliche Relationen gelten seit 2000.
23 Kohl, Jürgen: Staatsausgaben in Westeuropa, Frankfurt a. M. 1985, S. 315; Sachverständigenrat zur Begutachtung der gesamtwirtschaftlichen Entwicklung: Erfolge im Ausland – Herausforderungen im Inland. Jahresgutachten 2004/05, S. 681.
24 Der Bundesminister für Wirtschaft (BMWi): Leistung in Zahlen '90, Bonn 1990, S. 106; Sachverständigenrat zur Begutachtung der gesamtwirtschaftlichen Entwicklung, Jahresgutachten 2007/08, S. 86.

Weiterführende Literatur

Andersen, Uwe/Woyke, Wichard (Hg.): Handwörterbuch des politischen Systems der Bundesrepublik Deutschland, Opladen 2008[6] (i. E.).

von Beyme, Klaus: Das politische System der Bundesrepublik Deutschland, München 2004[10].

Bracher, Karl Dietrich/Jäger, Wolfgang/Link, Werner: Republik im Wandel. 1969–1974. Die Ära Brandt. Stuttgart – Mannheim 1986.

Bundesministerium für Arbeit und Soziales/Bundesarchiv (Hg.): Geschichte der Sozialpolitik in Deutschland seit 1945. Bd. 1–11, Baden-Baden 2001–2008.

Czada, Roland/Wollmann, Helmut (Hg.): Von der Bonner zur Berliner Republik, Opladen 2000.

Dreier, Horst (Hg.): Grundgesetz Kommentar, Band I–III, Tübingen 2004/2008.

Ellwein, Thomas/Holtmann, Everhart (Hg.): 50 Jahre Bundesrepublik Deutschland, Opladen – Wiesbaden 1999.

Green, Simon/Paterson, William E. (Hg.): Governance in Contemporary Germany. The Semi-Sovereign State Revisited, Cambridge 2005.

Hesse, Jens Joachim/Ellwein, Thomas: Das Regierungssystem der Bundesrepublik Deutschland, 2 Bde., Berlin 2004[9].

Hildebrand, Klaus: Von Erhard zur Großen Koalition 1963 bis 1969, Wiesbaden 1984.

Jäger, Wolfgang/Link, Werner: Republik im Wandel. 1974–1982. Die Ära Schmidt, Stuttgart – Mannheim 1987.

Kaase, Max/Schmid, Günther (Hg.): Eine lernende Demokratie. 50 Jahre Bundesrepublik Deutschland, Berlin 1999.

Katzenstein, Peter J.: Policy and Politics in West Germany. The Growth of a Semisovereign State, Philadelphia 1987.

Kielmansegg, Peter Graf: Nach der Katastrophe. Eine Geschichte des geteilten Deutschland, Berlin 2000.

Lehmbruch, Gerhard: Parteienwettbewerb im Bundesstaat, Wiesbaden 2000³.

Lepsius, M. Rainer: Interessen, Ideen und Institutionen, Opladen 1990.

Mayntz, Renate/Streeck, Wolfgang (Hg.): Die Reformierbarkeit der Demokratie. Festschrift für Fritz W. Scharpf, Frankfurt a. M. 2003.

Rudzio, Wolfgang: Das politische System der Bundesrepublik Deutschland, Opladen 2006⁷.

Scharpf, Fritz W.: Sozialdemokratische Krisenpolitik in Europa, Frankfurt a. M. – New York 1987.

Scharpf, Fritz W./Reissert, Bernd/Schnabel, Fritz: Politikverflechtung: Theorie und Empirie des kooperativen Föderalismus in der Bundesrepublik, Kronberg/Ts. 1976.

Schmidt, Manfred G.: CDU und SPD an der Regierung. Ein Vergleich ihrer Politik in den Ländern, Frankfurt a. M. 1980.

Schmidt, Manfred G./Zohlnhöfer, Reimut (Hg.): Politik in der Bundesrepublik Deutschland, Wiesbaden 2006.

Schmidt, Manfred G.: Das politische System Deutschlands. Institutionen, Willensbildung und Politikfelder, München 2007.

Schwarz, Hans-Peter: Die Ära Adenauer. Gründerjahre der Republik. 1949 bis 1957, Stuttgart – Mannheim 1981.

Schwarz, Hans-Peter: Die Ära Adenauer. Epochenwechsel. 1957 bis 1963, Stuttgart – Mannheim 1983.

Sontheimer, Kurt/Bleeck, Wilhelm/Gawrich, Andrea: Grundzüge des politischen Systems Deutschlands, München – Zürich 2007.

Staack, Michael: Handelsstaat Deutschland, Baden-Baden 2000.

Stone Sweet, Alec: Governing with Judges: Constitutional Politics in Europe, Oxford 2000.

Sturm, Roland/Pehle, Heinrich: Das neue deutsche Regierungssystem: Die Europäisierung von Institutionen, Entscheidungsprozessen und Politikfeldern in der Bundesrepublik Deutschland, Opladen 2005².

Tömmel, Annette Elisabeth: Mythen und Methoden. Zur Messung der Europäisierung der Gesetzgebung des Deutschen Bundestages jenseits des 80-Prozent-Mythos, in: Zeitschrift für Parlamentsfragen Jg. 39, 2008, S. 3–17.

Wachendorfer-Schmidt, Ute: Politikverflechtung im vereinigten Deutschland, Wiesbaden 2005².

Wehler, Hans-Ulrich: Deutsche Gesellschaftsgeschichte. Fünfter Band. Bundesrepublik und DDR. 1949–1990, München 2008.

Wirsching, Andreas: Abschied vom Provisorium. Geschichte der Bundesrepublik Deutschland 1982–1990, München 2006.